ESSAI

SUR LES

MONUMENTS GRECS ET ROMAINS

RELATIFS AU

MYTHE DE PSYCHÉ

PAR

MAXIME COLLIGNON

ANCIEN MEMBRE DE L'ÉCOLE FRANÇAISE D'ATHÈNES

 I0146780

PARIS

ERNEST THORIN, ÉDITEUR

LIBRAIRE DES ÉCOLES FRANÇAISES D'ATHÈNES ET DE ROME
DU COLLÉGE DE FRANCE ET DE L'ÉCOLE NORMALE SUPÉRIEURE
7, RUE DE MÉDICIS, 7

—

1877

BIBLIOTHÈQUE

DES

ÉCOLES FRANÇAISES D'ATHÈNES ET DE ROME

FASCICULE SECOND

ESSAI SUR LES MONUMENTS GRECS ET ROMAINS RELATIFS AU MYTHE DE PSYCHÉ,
PAR M. MAXIME COLLIGNON.

TOULOUSE. — IMP. A. CHAUVIN ET FILS, RUE DES SALENQUES, 28.

INTRODUCTION

Le présent essai est avant tout une étude d'archéologie
figurée. Considérée dans ses origines lointaines, la fable de
Psyché pouvait donner lieu à des conjectures qui ne trouvent
pas place dans ce travail. Les analogies que l'on a cru surprendre entre le mythe grec de Psyché et certaines idées orien-
tales sont du domaine de la mythologie ; elles se réduisent
d'ailleurs à des ressemblances douteuses dont l'étude ne saurait
conduire qu'à des hypothèses. Il nous a semblé que, limitées
à la Grèce et à l'Italie, nos recherches gagneraient en sûreté
et en précision. Quelles que soient les origines du mythe, il
revêt dans ces pays un caractère tout particulier ; sous l'influence de causes très-variées et très-complexes, il présente
un développement original dont on peut suivre avec certitude
les différentes phases. Tel est l'objet que nous nous sommes
proposé.

Les auteurs anciens ne nous ont laissé aucun renseigne-
ment précis sur l'histoire du mythe. Le conte d'Apulée, au
IVᵉ livre des *Métamorphoses*, ne doit pas en être considéré
comme une version réelle. Si quelques épigrammes de l'Anthologie et certains passages d'écrits philosophiques offrent
parfois des idées analogues à celles du mythe, on ne peut
songer à chercher dans ces textes isolés une doctrine régu-
lièrement développée. Ils nous fournissent d'utiles rapprochements ; ils montrent que la littérature légère et la philo-

20

sophie de l'Ecole s'inspiraient de conceptions très-répandues,
et gardaient comme un reflet des croyances populaires ; mais
ils ne présentent pas, dans un enchaînement continu, la
suite d'idées qui constitue le mythe de Psyché. En l'absence
de témoignages écrits, les monuments figurés pouvaient
seuls nous apporter des notions certaines ; d'autre part, la
richesse et la variété des documents de cet ordre nous permettaient de croire qu'aucun des points importants du mythe
ne nous échapperait ; enfin, la nature même des monuments
nous a paru répondre à toutes les exigences d'une enquête
attentive.

Dans les travaux de ce genre, qui reposent sur l'analyse
exacte d'idées morales et de sentiments souvent fuyants et
mobiles, il importe d'en saisir l'expression propre, sans in-
termédiaires qui la faussent ou la dénaturent. On ne doit se
flatter de retrouver ces sentiments dans leur infinie variété,
avec leur accent personnel, leurs nuances précises, que si
on peut en aborder la traduction la plus voisine et la plus
vivante. Les textes eux-mêmes suffisent-ils toujours à nous
mettre comme en contact avec la réalité ? Quelque souplesse
que puisse acquérir l'esprit dans un commerce continu avec
la pensée des auteurs, est-il toujours assuré d'avoir compris l'intention vraie de l'écrivain, et de n'avoir pas suivi le
penchant naturel qui nous sollicite à prêter aux idées antiques un tour moderne ? La traduction d'une page empruntée
à un auteur ancien nous fait sentir presque à chaque mot ce
genre de difficulté. Dans cette lutte avec la pensée antique,
parfois le meilleur nous échappe : à savoir l'intonation juste
qui donne aux mots toute leur portée. En présence d'un
monument figuré, il en va tout autrement. Aucun effort de
critique ne remplace la communication vive et rapide qui
s'établit entre nous et des idées à tous égards bien différentes
des nôtres, grâce aux formes matérielles qui les traduisent.
La vue de ces expressions animées, conservant tout le mouvement et la vie de la réalité, offrant à l'œil des types, des
costumes, des attitudes qui nous sont étrangers, nous amène
par une sorte de surprise, et presque à notre insu, à chercher quelles formes de pensée ont pu les inspirer. Les voya-

geurs savent à quel point l'aspect d'un pays nouveau, les manifestations extérieures de l'activité populaire, les faits les plus simples de la vie matérielle, facilitent l'intelligence de mœurs nouvelles. Les monuments figurés ne nous donnent-ils pas une éducation analogue, en nous montrant les formes mêmes dont s'entourait l'antiquité? Au premier coup d'œil, ils invitent l'esprit à sortir de lui-même; l'émotion que produit la vue du réel le conduit, mieux que le raisonnement, à renoncer aux jugements tout faits, à analyser les détails, et à chercher la vérité dans les nuances, plutôt que dans les conceptions générales, où l'imagination moderne risque d'usurper le rôle du sentiment juste de la vie antique. L'expérience répétée d'une pareille étude, en arrêtant l'attention sur des caractères certains et originaux, développe une sorte de tact qui saisit, sous les traits matériels, l'esprit des représentations figurées; ainsi s'éveille cette force d'intuition qui seule peut rendre au passé la couleur et la vie. Assurément, on ne saurait apporter trop de réserve dans l'usage de cette faculté brillante et dangereuse; mais peut-elle être mieux guidée que par le charme pénétrant des choses réelles et vraies?

Il est à peine besoin de faire observer que l'étude des monuments figurés n'est qu'un moyen pour atteindre, au delà de l'expression matérielle, le rapport de l'idée à la forme. Ces relations sont l'œuvre d'une faculté spéciale, qui s'épanouit avec un rare bonheur chez des peuples jeunes et artistes. Nous ne comprenons plus guère, sans un effort d'esprit, ce jeu facile d'une imagination prompte à traduire, sous une forme concrète, des sentiments et des pensées. L'esprit grec, entraîné par une pente naturelle à enfermer sa pensée dans les traits d'un contour précis, créait spontanément ce langage figuré dont les monuments ont gardé la trace. Mieux que les mots, des images pouvaient exprimer des alliances d'idées qui se font dans l'esprit populaire, des sentiments que dédaigne la langue des lettrés. Une fleur dans la main d'une déesse, un détail d'ajustement, une certaine façon de disposer les plis d'un voile, un geste, une attitude, c'étaient là autant de faits sensibles, intelligibles pour tous. Fixées par

les artistes, reproduites aussi bien par le ciseau le plus savant que par le pinceau du plus modeste potier, ces images
agissaient sur l'esprit et sur l'àme de la foule ; elles parlaient à son imagination, et s'imposaient à sa mémoire. Le
Grec vivait au milieu d'elles ; il les retrouvait à toutes les
heures de son activité quotidienne ; il y rattachait tous les
actes de sa conscience religieuse ; elles éveillaient en lui tout
un ordre de sentiments qui constituaient sa vie morale. Ses
croyances les plus intimes, ses émotions en face de la mort,
ses craintes, ses espérances, empruntaient au langage figuré
leurs moyens d'expression. Stèles funéraires, ex-voto, peintures de vases, tous ces monuments ont gardé le souvenir
d'idées et de sentiments disparus, avec l'accent de la vie
intime et comme la fraîcheur de la première heure ; ils redi-
sent tous les mouvements de l'àme populaire, les émotions
qui l'ont agitée, et les croyances dont elle a vécu.

S'il est nécessaire, en toute occasion, d'interroger les monuments figurés pour guider la critique et éclairer le témoignage des textes, il est bien des cas où cette étude offre plus
qu'un précieux secours. Certaines croyances n'auraient pas
d'histoire, si les marbres ne suppléaient au silence des témoignages écrits. Entre tant d'exemples qu'il serait facile de
citer, le mythe de Psyché est un des plus frappants. Des
formes d'idées très-populaires ont pu se développer à côté
de la littérature, sans qu'aucun écrit en ait conservé le souvenir. Trop répandues pour que les écrivains en parlent autrement que par des allusions comprises de tous, négligées
le plus souvent par la littérature et par l'histoire, elles n'en
ont pas moins nourri les esprits pendant de longues périodes ; elles ont fait partie de cette sorte de patrimoine moral
qui se transmet surtout par la tradition. De telles croyances
n'ont quelquefois rien de commun avec les systèmes des
philosophes ou les créations des poëtes. Elles ont existé,
parce qu'elles répondaient à certaines aspirations de l'esprit
populaire ; il ne faut en demander la raison qu'au sentiment
qui les a inspirées, aux besoins de conscience qui en ont
provoqué l'éclosion, et surtout au génie particulier du peuple qui les a créées comme une expression toute spontanée

de sa foi morale ou religieuse. On a peine à croire que des croyances comme celle du mythe de Psyché ne doivent pas occuper une place importante dans l'histoire des idées morales ; elles ont eu leur rôle aussi bien dans l'activité de chaque jour que dans les grands mouvements d'idées qu'elles aident à expliquer. Le mythe qui nous occupe n'a-t-il pas prêté ses symboles au christianisme naissant, en même temps qu'il enseignait aux païens une morale épurée, bien voisine de la doctrine nouvelle ? La nécessité de recourir à l'archéologie figurée pour retrouver l'expression exacte de pareilles idées n'échappera à personne. Seuls les monuments peuvent nous faire connaître certaines formes de la dévotion populaire, en nous montrant les symboles matériels qu'elles ont empruntés. Suivre sur les marbres l'origine, le développement des représentations figurées, étudier les altérations que des influences variées font subir à des types consacrés, c'est, croyons-nous, le plus sûr moyen d'atteindre tout un ordre de faits moraux dont on demanderait vainement l'histoire aux témoignages écrits.

Il semblait naturel d'appliquer cette méthode à l'étude du mythe de Psyché. Du deuxième siècle avant J.-C. jusque vers le sixième siècle de notre ère, une longue suite de statues et de bas-reliefs témoigne de la popularité dont cette fable a joui, sans que des textes connus en aient conservé le souvenir. Il importait, avant tout, de recueillir les monuments relatifs à Psyché, de les décrire, en notant les particularités intéressantes. Les musées de Rome et d'Italie, les ouvrages descriptifs, ont fourni la matière d'un catalogue, auquel sont venus se joindre les monuments que j'ai pu observer en Grèce (1). Le premier soin devait être ensuite de chercher des dates précises dans cet ensemble. Quelques monuments nous ont permis de fixer, pour les représentations figurées de la fable, des limites extrêmes, intéressantes par leur certitude. Elles montrent que la fable de Psyché était déjà consacrée par l'art près de quatre siècles avant

(1) Dans la section des pierres gravées, pour ne pas multiplier les numéros, les répliques d'un même sujet sont le plus souvent groupées sous un seul chiffre.

qu'Apulée lui donnàt une forme nouvelle et toute littéraire. Pour étudier les origines plastiques des représentations de Psyché, pour suivre dans ses différentes périodes le développement du mythe, le classement méthodique des monuments devait être notre principal secours. Ainsi se sont formées quatre grandes séries : les statues', les pierres gravées, les bas-reliefs funèbres et les représentations chrétiennes. Dans chaque série, il convenait de procéder du simple au composé, et de grouper toutes les œuvres qui offraient entre elles quelques ressemblances. Ce classement nous a paru répondre aux phases mêmes du mythe ; il nous en a montré l'histoire, les applications à un ordre déterminé d'idées morales, et enfin le rôle pendant une période de transition, quand le christianisme naissant emprunte aux croyances païennes quelques-uns de leurs symboles.

Otto Jahn avait déjà indiqué cette méthode dans une courte dissertation sur le mythe de Psyché (1). Appliquée à un plus grand nombre de monuments, elle nous a conduit à des conclusions un peu différentes, mais qui paraissent présenter toute la certitude qu'on peut espérer en pareille matière. Elles offrent tout au moins ce caractère de simplicité qui est le plus souvent la garantie du vrai. La méthode des séries comparées nous a permis de dégager quelques-unes des notions primitives qui forment le fond du mythe, et qu'on s'était plu à entourer d'un symbolisme excessif. Si l'on écarte les interprétations trop ambitieuses qui en faussaient le sens, la fable de Psyché apparaît comme une allégorie gracieuse, née sans effort dans l'esprit hellénique. On retrouve à l'origine du mythe un véritable jeu de mots. Le double sens du mot ψυχή, qui signifie à la fois l'âme et une sorte de papillon de nuit, amène naturellement les Grecs à figurer l'âme sous cette dernière forme. Ainsi se développe une allégorie qui exerce le talent des artistes et le goût ingénieux des poëtes de l'Anthologie. C'est la première phase du mythe. La phi-

(1) *Archäologische Beiträge*, 1847. *Eros und Psyche*, p. 121. Voyez l'index bibliographique, où sont indiquées les principales dissertations consacrées au mythe.

losophie s'empare bientôt d'un symbole où les idées de rénovation et de vie future trouvent une expression toute prépa-
rée, et le symbolisme funèbre qui se fait jour à l'époque
romaine, vers le deuxième ou le troisième siècle après J.-C.,
popularise, avec les idées du mythe, les représentations
figurées qui les traduisent. Ce qui n'était d'abord qu'un simple jeu d'imagination devient un véritable dogme de philosophie populaire, embrassé avec ardeur par les âmes troublées,
à une époque de transition.

On ne sera pas surpris de voir une grave doctrine sortir
d'une allégorie presque enfantine. De pareils contrastes sont
bien dans l'esprit grec. La mythologie hellénique ne nous
enseigne-t-elle pas, par de nombreux exemples, que les
mythes doivent souvent leur origine à des jeux de mots, à
de pures allitérations? Le travail de réflexion qui se fait
après coup, et qui porte la trace de la philosophie platonicienne, ne condamne pas ces alliances d'idées, où l'école de
Platon retrouvait d'ailleurs une forme de pensée qui lui était
familière. Les mythes platoniciens montrent bien comment
l'esprit grec sait allier le badinage aux idées les plus élevées.
Il semble qu'il ne se tienne pas pour astreint à cette gravité
de la forme que nous ne séparons pas des doctrines morales.
Il se laisse volontiers séduire par une image spirituelle et
vive; il l'associe sans peine aux spéculations les plus sérieuses. Pouvait-il d'ailleurs trouver un symbole plus heureux et
qui traduisît mieux, par la poésie de l'image ailée, le sentiment de vive espérance dont le mythe s'inspire? L'âme enfer-
mée dans le corps mortel, comme le papillon dans sa
chrysalide, prendra comme lui son vol au jour de la délivrance.

L'étude directe des monuments nous a conduit à distinguer
une période grecque et une période romaine. Cette distinction, nous a-t-il semblé, n'avait pas été suffisamment observée. Il est difficile de ne pas être frappé des caractères différents qu'offre le mythe en Grèce et en Italie; ils se marquent
surtout par un fait : c'est l'application pratique que fait du
mythe le génie romain, en multipliant les symboles de Psyché sur les monuments funéraires, à partir du deuxième siè-

cle (1). Faut-il demander la raison de ces différences aux changements que le temps amena dans les croyances antiques, au développpement croissant d'une sorte de mysticisme funèbre à l'époque gréco-romaine ? Ou bien faut-il admettre qu'elles s'expliquent par des formes d'esprit particulières aux deux peuples ? Il nous a paru qu'il fallait tenir compte de ces deux causes, et que la seconde, pour être plus générale, n'en a pas moins de force. On ne voit pas qu'en Grèce le mythe de Psyché ait été autre chose qu'une fiction charmante, moins religieuse que poétique, se prêtant, par sa grâce indécise, à l'expression des nuances les plus délicates de la passion ou d'une croyance populaire à l'immortalité. Si le sentiment qui l'inspire est empreint d'une certaine tristesse, la forme n'en laisse rien paraître. C'est là, semble-t-il, un des traits originaux du génie hellénique. Le Grec s'enchante de spéculations ; il semble qu'il trouve, dans l'exercice facile de sa pensée, un plaisir qui lui suffise ; une idée philosophique satisfait sa raison, sans entraîner sa conscience. A dire le vrai, l'allégorie de Psyché ne devient un mythe qu'en prenant place sur les sarcophages gréco-romains. L'esprit romain, possédé d'un besoin impérieux de haut enseignement moral, précise les idées du mythe et leur communique un caractère de netteté plus grande, avec un accent plus passionné. Les monuments présentent une véritable doctrine d'ensemble sur les destinées de l'âme ; ils témoignent clairement que peu de croyances ont été plus populaires à partir du deuxième siècle de l'ère chrétienne.

Il y avait quelque intérêt à retracer l'histoire d'un mythe qui atteint son plein développement à une époque de transition, lorsque la limite qui sépare aux yeux de la foule le christianisme et le paganisme n'est pas encore nettement marquée. Avant le triomphe de la religion chrétienne, des idées étrangères à l'ancien paganisme se font jour sous le couvert des mythes antiques, et apportent au monde gréco-

---

(1) Psyché n'apparaît sur les monuments funéraires helléniques que dans la région de Sidon, à l'époque gréco-romaine (Voir Renan, *Mission de Phénicie*, p. 395, 396).

romain, avec des formes variées, des espérances et une morale nouvelles. Le mythe de Psyché nous apparaît comme une de ces croyances. Il est donc permis de croire que, si nos conclusions sont justes, elles ne sont pas sans valeur pour l'histoire des idées morales. Elles permettent, en outre, de saisir quelques-uns des traits qui composent la physionomie propre du génie grec. Elles montrent, une fois de plus, qu'il doit être étudié dans ses sources mêmes. A cette seule condition, on peut espérer acquérir à la science quelque part de vérité.

Athènes, 1876.

ESSAI

SUR LES

MONUMENTS GRECS ET ROMAINS

RELATIFS AU

MYTHE DE PSYCHÉ

PREMIÈRE PARTIE

CHAPITRE PREMIER.

DATES ET ORIGINES PLASTIQUES DES REPRÉSENTATIONS DE PSYCHÉ.

Les monuments où figure Psyché se répartissent sur une assez longue période, dont il importe tout d'abord de fixer les termes extrêmes. En l'absence de tout témoignage écrit, c'est aux monuments eux-mêmes qu'il faut demander la solution de cette question.

Le plus ancien monument connu qui représente Psyché est un miroir étrusque, conservé au musée de Pérouse (1). La jeune fille est unie à Eros dans une attitude consacrée par les œuvres d'art ; les deux amants se tiennent étroitement embrassés. M. Conestabile, qui a publié ce monument (2), estime que la date n'en peut être postérieure au deuxième siècle avant J.-C. Un second miroir étrusque, du musée de Berlin (3), offre également deux figures ailées, que Gerhard interprète comme Eros et Psyché ; mais cette

---

(1) N° 1 (Les chiffres ainsi indiqués renvoient aux numéros du catalogue).
(2) *Monumenti di Perugia*, t. IV, p. 477, pl. XCVIII, 2.
(3) N° 2.

attribution a été contestée ; et malgré l'autorité du témoignage de Gerhard, elle ne présente pas un degré de certitude suffisant. Le miroir de Pérouse a une grande valeur par la date reculée qu'il accuse ; il prouve l'existence du mythe à une époque bien antérieure au siècle d'Auguste et des Antonins.

Avant l'année 79 de notre ère, les idées relatives à Psyché sont assez connues du public pour fournir aux artistes des motifs de décoration. Plusieurs peintures de Pompéi représentent Psyché associée à des génies, dans des scènes pleines de fantaisie. L'une d'elles reproduit même une conception importante, qui figurera plus tard sur les bas-reliefs funèbres ; c'est Psyché torturée par des Eros, qui la brûlent à la flamme de leurs torches. Ces peintures sont à coup sûr inspirées par une fable déjà populaire ; près de trois siècles les séparent du monument où apparaît pour la première fois la représentation figurée de Psyché. Dans le cours de cette période, les sujets empruntés à cette fable ont pris place sur les bas-reliefs funéraires. Un cippe orné de sculptures montre Psyché associée aux Centaures ; il porte une inscription qui mentionne un personnage nommé Amemptus, affranchi d'une *Diva Augusta*, où l'on s'accorde à reconnaître Livie (1).

Les monuments funèbres, grâce auxquels le mythe prend corps et revêt une forme particulière, appartiennent pour la plupart à l'époque des Antonins. Le caractère technique des bas-reliefs, et le fait que l'usage des sarcophages sculptés remonte au deuxième siècle, suffisent à établir cette date d'une manière générale. Une monnaie de Nicomédie, frappée vers 236 ap. J.-C., sous Maxime César, fils de Maximin, et portant au revers un groupe d'Eros et Psyché, confirme l'importance acquise par le mythe au troisième siècle.

Les monuments les plus récents sont les peintures et les bas-reliefs chrétiens. On ne saurait attribuer une date postérieure au quatrième siècle à ceux des sarcophages qui ont été trouvés dans le cimetière de Saint-Calixte. Il est probable que plusieurs d'entre eux remontent au cinquième ou même au sixième siècle, si l'on en juge par le style des figures. Mais nous ne parlons ici que de ceux qui sont datés à coup sûr. D'autre part, des textes certains

---

(1) Nº 191.

DIS MANIBVS
AMEMPTI . DIVAE . AVG . L .
LALVS . ET . CORINTHVS . L .
(Gruter, 607, 3).

établissent la date de la mosaïque du plafond de Sainte-Constance, à Rome, qui offre la dernière représentation connue de Psyché (1). C'est dans la première moitié du quatrième siècle qu'il faut placer le moment où ces décorations sont exécutées (2).

Le témoignage de ces monuments est très-net. Il permet de conclure que les représentations de Psyché aujourd'hui connues prennent place entre le cinquième siècle de Rome d'une part, et, de l'autre, le quatrième siècle de l'ère chrétienne. Si l'on considère que le seul texte où il soit fait mention de Psyché, celui d'Apulée, date du deuxième siècle ap. J.-C., il paraît impossible de demander au conte latin le commentaire des monuments figurés. Les artistes se sont inspirés, bien avant Apulée, des scènes décrites dans l'*Ane d'or* (3). L'étude directe des monuments doit donc précéder l'examen des textes ; on évitera ainsi de prêter aux influences littéraires du deuxième siècle une importance que démentent les faits.

Les dates que nous avons essayé de fixer conviennent aux représentations de Psyché, telles qu'elles sont vulgarisées et comme consacrées par l'art. Mais le type de Psyché n'est que le dernier exemplaire, et le plus achevé, d'une série de formes attribuées à l'âme par les artistes grecs. Il n'est pas inutile de rappeler brièvement les origines plastiques de ce type idéalisé. Par là nous verrons mieux que l'expression figurée du mythe est empruntée à une conception tout hellénique. On appréciera en même temps quelle part il convient de faire, dans la fable de Psy-

---

(1) « Eodem tempore fecit Constantinus Augustus basilicam beatæ Agnes martyris ex rogatu Constantinæ filiæ suæ, et baptisterium in eodem loco. » (*Liber Pontificalis*, Ed. Vignoli, § 23, *Vita sancti Sylvestri*).

Ces mosaïques ont été étudiées en détail par M. Eug. Müntz, *Revue archéologique*, 1875 : *Notes sur les mosaïques chrétiennes de l'Italie*.

(2) Le groupe de Psyché unie à Eros se trouve répété deux fois sur les consoles de la maison dite de Crescentius, à Rome. Cet édifice date du dixième siècle ; mais la maison a été construite en grande partie avec des fragments antiques : ces consoles elles-mêmes sont certainement antiques. Elles offrent en particulier de grandes ressemblances avec celles du palais de Dioclétien, à Spalatro. Voyez les deux ouvrages consacrés à ce palais, celui de l'Anglais Adams (*Ruins of the palace of Diocletian at Spalatro*, Londres, 1764), et celui du Français Cassas (*Voyage pittoresque de l'Istrie et de la Dalmatie*, Paris, 1802).

(3) Un kyathos de beau style grec, appartenant à M. Fol, offre une scène qu'Apulée raconte tout au long : « Femme à demi-couchée et appuyée sur le coude gauche ; de la main droite étendue, elle offre à boire à un âne ; derrière elle, une amphore ornée de pampres est plantée en terre » (*Catalogue du musée Fol à Genève (antiquités)*, n° 201).

ché, au jeu de mots de ψυχή, signifiant à la fois l'âme et un papillon.

Les Grecs ont toujours eu un goût très-vif pour les abstractions figurées sous une forme sensible. Si délicats et si vagues que puissent paraître certains sentiments, l'imagination grecque trouve des images pour les traduire; on voit souvent, sur les vases peints, de petits génies volant à côté des personnages; leurs gestes ou leurs attitudes, parfois même leur seule présence, expriment les pensées ou les émotions qui agitent les acteurs de la scène. De bonne heure, les artistes et les peintres céramistes se montrent préoccupés de donner un corps à l'âme elle-même (1).

Ce souffle presque impalpable (ψυχή), mais assez matériel pour trouver de la résistance dans ce que le poëte appelle le « rempart des dents (2), » revêt la forme d'un εἴδωλον, petit fantôme ailé, composé d'une matière subtile et ténue. Un curieux bas-relief en terre cuite, trouvé à Milo (3), montre l'âme prenant l'apparence de l'εἴδωλον à la sortie du corps. Persée vient de tuer Méduse; une petite figure sort du col de la Gorgone décapitée; elle est encore engagée à demi dans le buste d'où elle s'échappe. Les représentations figurées de l'âme sont fréquentes et variées sur les vases peints. On peut les ramener à un petit nombre de types, dont les artistes s'écartent peu.

1° L'âme a la forme d'un petit hoplite ailé qui voltige près du corps du guerrier mort. Elle figure, dans des proportions très-réduites, l'homme avec l'aspect extérieur qu'il offrait de son vivant (4).

2° Elle est représentée comme un oiseau à tête humaine, ou simplement comme un oiseau. La littérature grecque témoigne

(1) La conception presque matérialiste de l'âme, telle qu'on la trouve dans Homère, favorisait ce penchant des artistes grecs à la figurer sous des traits précis (Voyez Alf. Maury, *Les religions de la Grèce antique*, t. 1, p. 333 et suiv. Vœlcker, *Ueber die Bedeutung von* Ψυχὴ *und* εἴδωλον, Giessen, 1825. Nitzsch, *Zur Odyssea*, III, p. 188 et suiv., etc.

(2) Elle s'échappe aussi par les trous des blessures : κατ' οὐταμένην ὠτειλήν (*Iliade*, XIV, 518; IX, 409).

(3) Bas-relief conservé au British Museum. Müller-Wieseler, *Denkmäler*, t. I, pl. XIV, n° 51. Cf. Kotylos de Tarquinies : Persée tuant Méduse, et l'εἴδωλον s'échappant de son corps. Stackelberg, *Gräber der Hellenen*, pl. XXXIX.

(4) V. Plutarque, *De serâ numinis vindictâ*, 22, p. 563, F.
Les exemples de cette représentation sont très-nombreux, surtout sur les vases à peintures noires. Voyez : Otto Iahn, *Archäologische Beiträge*, p. 128 et suiv. De Witte, *Annali dell' Instituto*, V, p. 315, et *Nouvelles annales de l'Institut archéologique*, t. II, p. 118.

d'une conception analogue; une épigramme de l'Anthologie montre l'âme de Platon sous la forme d'un aigle posé sur un tombeau et regardant le ciel (1).

3° L'εἴδωλον ne garde du corps mortel qu'une ressemblance lointaine. C'est une petite figure ailée, très-mince, qui paraît n'avoir aucune consistance. Elle voltige auprès de la stèle du mort sur un grand nombre des *lekythoi* blancs d'Athènes, où sont représentés les rites funèbres près d'un tombeau. Il semble que ce soit la forme consacrée pour l'εἴδωλον aux beaux temps de la céramique athénienne (2).

Les Grecs n'ont jamais abandonné cette façon un peu matérialiste de prêter à l'âme une existence distincte du corps. On peut suivre jusqu'à nos jours la trace de cette croyance qui a résisté à l'action du christianisme, et qui explique bien des usages de la Grèce moderne. Sur ce point, l'art byzantin a continué les traditions du paganisme. La scène de la *Dormition de la Vierge* (3) (Κοίμησις τῆς Θεοτόκου), qui figure dans toutes les églises byzantines, montre le Christ tenant dans ses bras l'âme de la Vierge, petite image vêtue de blanc, où l'on reconnaît sans peine comme une traduction chrétienne de l'εἴδωλον antique. Cette conception s'est modifiée dans l'art, grâce à une allégorie qui repose sur une équivoque. Les artistes et les poëtes se plaisent à jouer sur le mot ψυχή, signifiant tantôt l'âme, tantôt cette espèce de papillon qu'attire, pendant les nuits d'été, l'éclat de la lumière, et qui souvent se brûle les ailes à la flamme (4). Cette équivoque paraît avoir été en grande faveur; l'esprit grec la mêle souvent aux idées

(1) *Anthologie palatine*, VII, 62. Cf. de Witte, *Catalogue d'une collection de vases peints trouvés en Étrurie*, n° 139. Le Bas, *Monuments d'antiquité figurée recueillis en Morée*, p. 150 et 152. D'Hancarville, *Vases d'Hamilton*, II, pl. CXXVI. Millingen, *Ancient Unedited Mon.*, pl. XIV.

(2) Voyez Conze, *Annali dell' Instituto*, 1864, p. 197, et *Monumenti*, VIII, 4, p. 6, n° 6. Amphore athénienne d'ancien style. M. O. Benndorf a publié un beau lekythos d'Athènes offrant la représentation de l'εἴδωλον: *Griechische und sicilische Vasenbilder*, pl. XIV. Cf. une stèle sépulcrale trouvée à Athènes, au Dipylon, avec l'inscription Σωκράτης Ἡρακλέωτης. Quatre petites figures ailées, peintes en couleur sombre, volent du même côté (*Bullettino dell' Instituto*, etc., 1864, p. 48). Les musées et les collections d'Athènes possèdent beaucoup de vases où l'εἴδωλον est figuré de cette façon; j'en ai décrit plusieurs dans mon catalogue encore inédit des vases peints du musée d'Athènes.

(3) Voyez A. Dumont, *Mélanges archéologiques : Quelques représentations de la mort de la Vierge.*

(4) « Ἡ φάλαινα ἐστιν ἡ παρ' ἡμῖν Ψυχή... » Schol. Nicandr., *Theriac.*, v. 760, p. 108. Ed. Schneidewin. Cf. Hesychius : *sub verbo* Ψυχή.

les plus graves. Il n'est pas rare de voir, sur les monuments funéraires, l'âme figurée par un papillon (1).

Tels sont les éléments simples de la représentation plastique de
Psyché. Par un travail de goût et d'épuration dont nous ne pouvons suivre toutes les phases, les deux conceptions se mêlent,
et de cette union sort le type de Psyché, tel que les œuvres d'art
l'ont rendu populaire. L'allégorie du papillon a vécu longtemps, et
a trouvé place sur les monuments à côté des représentations de
Psyché. Mais nous la négligerons, pour ne plus considérer désormais que la gracieuse figure consacrée par la tradition. Un bronze
alexandrin (2) nous montre Psyché sous les traits d'une jeune
fille, vêtue d'une tunique talaire et d'un péplos qui laisse l'épaule
droite à découvert. Sur d'autres monuments, le buste est nu ;
une draperie entoure les hanches, et retombe par devant avec un
agencement de plis harmonieux. Les jambes sont croisées, attitude
consacrée sur les monuments de l'art grec pour signifier le repos (3). Des ailes de papillon sont attachées à ses épaules. Sa chevelure, divisée en bandeaux parallèles, relevée sur les tempes, et
réunie en corymbe sur le sommet de la tête, donne à son visage
une expression toute juvénile. Cette disposition particulière de la
coiffure paraît être un des attributs qui caractérisent Psyché, si
l'on en juge par le soin scrupuleux et naïf avec lequel les sculpteurs du troisième siècle enroulent des bandeaux égaux sur la
tête de la jeune fille. Les œuvres d'art les plus achevées, celles
qui témoignent d'un goût sûr et d'une recherche heureuse d'expression, prêtent à Psyché les formes élégantes mais encore un
peu grêles de l'adolescence.

---

(1) Voyez, sur ce sujet, une dissertation de Gessner : *De animæ symbolo papilionis*. On peut citer, comme exemple de cette représentation, un fragment de
stèle trouvé à Athènes, aujourd'hui conservé au British Museum. Papillon sur
le fronton; au-dessous on lit :

ΜΟΥϹωΝΙΑϹ

////// ΝΩΝ

////// ΟΝΤΟΣΓΑΡ

Dodwell, *Classical tour through the Greece*, t. I, p. 466. — Cf. Cippe funéraire
de Saïda : Renan, *Mission de Phénicie*, p. 381. — Cippe du musée de Naples,
représentant un squelette de la bouche duquel s'envole un papillon. Gerhard et
Panofka, *Neapels antike Bildwerke*, p. 61.

(2) Collection Oppermann, n° 26.

(3) Voyez F. Ravaisson : *Un bas-relief funéraire attique* (*Revue archéologique*,
1875).

CHAPITRE II.

LES STATUES.

La fable de Psyché a eu deux périodes : l'une toute poétique, où elle paraît être simplement une allégorie des passions ; l'autre d'application religieuse, avec un caractère fortement marqué de haut enseignement moral. Il serait téméraire d'établir un ordre rigoureux pour une série d'idées qui se sont souvent mêlées et confondues. Toutefois la division des monuments en *statues*, *pierres gravées et peintures murales*, et *monuments funèbres*, se présente naturellement. Comme elle répond sans peine au double aspect de la fable, on peut croire qu'elle offre le plus grand degré de certitude qu'il soit permis d'espérer dans ce genre d'études.

Les œuvres d'art elles-mêmes comportent deux séries : les statues et les pierres gravées. Rien n'est plus varié dans le détail que les scènes figurées sur les pierres fines ; le caprice de l'artiste y perce souvent. Mais sous cette apparente fantaisie, on peut saisir une unité réelle. Malgré les conditions différentes où s'exercent la sculpture et la gravure en pierres fines, malgré les règles étroites qui s'imposent au sculpteur, et la liberté plus grande dont jouit le graveur, les œuvres d'art du cycle de Psyché sont toutes empreintes du même esprit. Elles présentent moins un mythe bien suivi, avec un parfait enchaînement d'idées, qu'une série d'allégories ; elles traduisent sous une forme artistique les mouvements de l'âme passionnée. C'est en quelque sorte une suite de petits drames où l'âme et l'amour jouent le principal rôle.

Suivant toute vraisemblance, nous ne possédons que les répliques plus ou moins lointaines des œuvres originales. On sait avec quelle facilité l'art antique multipliait les copies, et le peu de scrupule qu'éprouvaient les artistes à reproduire, sauf de légères variantes, les statues des maîtres. S'il est souvent difficile d'attribuer une date à ces copies, on peut admettre sans peine que les originaux remontent aux deux derniers siècles avant l'ère chrétienne. Les épigrammes de Méléagre (1), qui font allusion aux idées et aux sentiments dont se sont inspirés les sculpteurs, celles de Satyros, d'Alkaios, de Maikios, d'Antipater, de Krinagoras (2), qui décrivent des œuvres procédant du même esprit, et surtout le style général des représentations, permettent de fixer cette date avec toutes les apparences de la certitude (3).

Vingt statues environ sont connues sous le nom de Psyché dans les musées et dans les collections d'Europe. Il faut réduire ce chiffre, si l'on considère que plusieurs d'entre elles ont été fortement restaurées, et doivent à des mains modernes leurs attributs essentiels; par exemple une statue de la villa Ludovisi, à Rome, que nous n'avons point fait entrer dans notre catalogue. Elle est restaurée en Psyché ; mais tous les attributs caractéristiques sont modernes. Psyché torturée par Eros, prosternée à ses pieds dans une attitude suppliante, et enfin réunie au dieu, tels sont les trois sujets qui paraissent avoir le plus souvent tenté le talent des artistes ; sujets originaux, et dont les deux premiers ne trouvent de commentaire dans aucun texte connu.

Un fragment de groupe du musée de Latran (4) représente Psyché foulée aux pieds par une figure de grandes dimensions; le travail est médiocre, et accuse une copie des temps romains. On a pu se méprendre sur le sens de cette représentation, et y voir avec Raoul Rochette, Gerhard, Ottfried Müller et Garrucci (5), le génie de la mort triomphant de l'âme humaine. Otto Iahn (6), Benndorf (7) et Brunn (8), reconnaissent Psyché torturée par Eros. Cette opinion semble plus fondée, si l'on rapproche de ce groupe des monuments analogues dont le sens n'est pas douteux. Un torse du musée de Toulouse (9) et un groupe du Louvre (10), mieux

---

(1) *Anthologie palatine*, V, 57, 179 ; XII, 132.

(2) *Antholog. Plan.*, IV, 195, 198, 199.

(3) Voyez toutefois nos remarques sur le numéro 14, que Gerhard attribue à l'école de Praxitèle.

(4) N° 11.

(5) R. Rochette, *Monuments inédits*, pl. XLII, n° 1, p. 226. Gerhard, *Antike Bildwerke*, 77, 3, p. 317. Müller, *Handbuch*, 397, 3. Garrucci, *Mus. Later.*, XL; 2, p. 84.

(6) *Archäologische Beiträge*, p. 318.

(7) *Die antike Bildwerke des Lat. Mus.*, n° 401.

(8) *Kunstblatt*, 1844, p. 318.

(9) N° 12.

(10) N° 13.

conservé, montrent Psyché agenouillée aux pieds d'Eros dans l'attitude de la supplication : ce sont à coup sûr des répliques de la même œuvre. Dans le groupe du Louvre, les bras des deux statues ont été brisés ; mais il est facile de recomposer l'ensemble des deux figures. L'attitude suppliante de Psyché se trahit d'elle-même, et le mouvement calme, reposé, du corps d'Eros, montre que la main, étendue vers la jeune fille, faisait un geste de pitié ou de pardon.

Le beau torse si mutilé du musée de Naples (1) se rapporte à coup sûr à une scène du même genre. On a contesté le nom de Psyché attribué d'ordinaire à ce fragment; on l'a étudié à part, et, comme il arrive souvent, une critique ingénieuse a imaginé des explications qui ne résistent pas à la comparaison du monument avec ses analogues. Wolf en fait une baigneuse (2), et suppose que la main gauche soulevait légèrement le manteau, tandis que la droite ressaisissait une draperie tombant sur la hanche découverte. Starke y voit une Vénus sortant du bain (3), et ajustant d'une main son vêtement, de l'autre sa sandale. Rien n'est assurément moins certain que l'attribution du nom de Psyché faite à ce fragment par certains archéologues (4). Il faut remarquer toutefois que les autres attributions conviennent beaucoup moins. Parmi les personnages féminins que les sculpteurs antiques ont représentés avec un caractère de tristesse, on ne peut guère songer qu'aux Niobides et à Psyché. Mais les traces d'ailes qu'on voit aux épaules ne permettent pas d'hésiter; et si les preuves ne paraissent pas assez décisives pour faire accepter en toute certitude la dénomination de Psyché, il nous semble difficile, dans l'état actuel des connaissances, de proposer une solution plus satisfaisante.

Jusqu'à ce que des arguments indiscutables viennent faire prévaloir une opinion nouvelle, nous accepterons le nom de Psyché attribué d'habitude au buste du musée de Naples. Si cette dénomination est juste, il est peu de monuments qui rendent, avec un plus grand bonheur d'expression, le type idéal de Psyché. Cette figure pensive et fine, voilée de mélancolie, légèrement fléchie,

---

(1) Nº 14.

(2) *Bullettino dell' Instituto*, 1833, p. 132 et suiv.

(3) *Leipziger Berichte*, 1860, p. 90.

(4) V. Kékulé, *Annali dell' Instituto*, 1864, p. 144 et suiv: — Gerhard, *Neapels antike Bildwerke*, nº 203. — Cf. Ettore de Ruggiero, *Conferenze archeologiche tenute nel museo nazionale di Napoli. III. Torso della Psiche.* Roma ; 1873.

est dans un rapport parfait avec l'idée que l'on conçoit de la jeune fille, condamnée aux épreuves par une force inconnue, mais réservée à la félicité suprême, et conservant dans sa déchéance passagère une grâce presque divine. Les formes du corps sont jeunes et délicates ; elles ont l'élégance de cette première adolescence, qui n'a pas encore atteint le complet épanouissement et comme la fleur de la vie. La distinction du mouvement, la finesse du travail, la recherche heureuse de l'expression, tout dénote une main grecque. Gerhard a même cru reconnaître dans ce beau fragment des caractères particuliers à l'école de Praxitèle (1).

Les quatre statues du musée Capitolin, du Louvre, de Florence et de Berlin (2), qu'on désigne d'habitude sous le nom de Psyché, offrent un même sujet, avec des variantes dans le détail de l'exécution. C'est une jeune fille, vêtue d'une tunique et de longues draperies, le corps penché en avant, et courbée dans une attitude suppliante. On est convenu d'y voir Psyché implorant la pitié de Vénus, ou surprise par Eros, sa lampe à la main, et demandant son pardon. Les traces d'ailes que porte la statue de Florence, l'amorce antique des ailes modernes ajoutées à celle du Capitole, pourraient confirmer le nom de Psyché ; mais l'attitude convient aussi bien à une Niobide, et l'on n'oserait affirmer que l'artiste n'a pas mêlé les deux sujets, par un de ces caprices fréquents dans l'art antique.

Psyché torturée par Eros, telle est la pensée qui a inspiré aux artistes l'ensemble de ces statues ; on en chercherait vainement la trace dans Apulée. Si l'on considère les conditions où s'exerçait l'art antique, le peu d'importance de l'inspiration personnelle, la facilité que trouvaient les sculpteurs à reproduire des sujets convenus, déjà souvent traités, enfin leur peu de souci de créer un type nouveau, notre observation acquiert toute sa valeur : une idée étrangère au conte latin était connue du public bien avant Apulée ; elle faisait partie de ce fonds commun où les sculpteurs puisaient leurs sujets ; elle trouvait même une expression dans des œuvres d'un caractère purement grec.

Une série de groupes de marbre représente la réunion de Psyché et d'Eros. Les statues du musée Capitolin, de l'*Augusteum* de Dresde, du musée de Florence et de Londres (ancienne collection Hope), paraissent être des répliques de la même œuvre, et il est

(1) *Neapels antike Bildwerke, loc. cit.*
(2) N°˙ 15, 17, 18, 19. Il faut y ajouter une réplique du marbre Čapitolin, qui se voit au musée Torlonia, de la Lungara, à Rome, n° 16.

douteux que nous possédions l'original. Les groupes de Florence, de Londres et de Dresde reproduisent le charmant groupe du Capitole, si populaire ; on y observe des variantes que l'on retrouve toujours dans les copies des statues connues. Les répliques antiques sont rarement des imitations exactes ; il semble que la part de création personnelle chez l'artiste qui reproduit un sujet déjà traité avant lui, se borne à de légers changements dans les attitudes et dans les accessoires. Ainsi l'un des groupes de Dresde représente les deux amants dans l'attitude consacrée ; ils sont étroitement enlacés, et Eros approche ses lèvres de celles de Psyché. C'est une copie du groupe Capitolin ; mais Eros porte une couronne de roses, et Psyché des bracelets. Ils ont tous deux des ailes dans le second groupe de Dresde. Le groupe de la collection Lansdowne, à Londres, montre les deux amants considérant avec attention un objet qu'on a cru être un papillon (1). Psyché est vêtue d'une tunique et d'un manteau.

Aucune inscription ne permet de fixer la date de ces statues. Mais un examen attentif du groupe Capitolin nous a fait reconnaître un caractère plutôt gréco-romain que purement grec. Les hanches d'Eros offrent un développement qui n'appartient pas à la bonne période de l'art grec. Les formes sont très-rondes, et un peu molles. On ne retrouve pas dans les membres inférieurs les plans largement indiqués, quoique enveloppés, qui dans les statues grecques marquent les différents muscles. Les plis de la draperie qui entoure les hanches de Psyché sont traités sèchement, parfois avec dureté ; rien n'annonce l'exécution à la fois savante et libre d'un ciseau grec, qui, tout en serrant le modelé de très-près, trouve comme sans effort l'aisance et la souplesse. Il est probable que nous avons sous les yeux une bonne copie, faite à Rome, d'un original grec ; car les imperfections sont toutes de détail. On ne saurait admettre l'hypothèse de M. Brizio, qui, se fondant sur un texte peu concluant de Pline (2), attribue ce groupe à Képhisodote, fils de Praxitèle. Le marbre du Capitole a été très-mutilé ; la tête, les mains et le pied gauche d'Eros sont des restaurations. Il est possible que la partie inférieure des jambes, jus-

___

(1) On a restauré la statue en plaçant un papillon dans l'une des mains de Psyché. Rien n'autorise cette restauration, non plus que la torche mise dans l'autre main de la jeune fille.

(2) *Bullettino dell' Instituto*, séance du 9 janvier, 1874, p. 7. « Symplegma nobile digitis corpori verius quàm marmori impressis. » N. H., XXXVI, 24. — Il semble que le mot συμπλέγμα doive s'appliquer à un autre groupe qu'à celui d'Eros et Psyché.

qu'au genou, ait été restaurée à l'époque même où fut trouvée la statue ; ce morceau accuse un travail différent de celui des parties antiques, et des parties ajoutées après coup. Le type de Psyché a été conçu avec une grande liberté. Il semble que, dans un sujet très-connu, l'artiste se soit peu préoccupé de lui conserver ses attributs. On ne retrouve pas ici, comme dans un bronze alexandrin (1) de la collection Oppermann, les cheveux relevés en bandeau et réunis en corymbe, ni les jambes croisées dans l'attitude du repos.

Le sujet du groupe Capitolin a été traité avec prédilection par les artistes, non-seulement en Italie, mais en Grèce, comme l'atteste un petit marbre (2) gréco-romain trouvé à Argos. Dans toute la série des statues, c'est le seul monument dont l'origine grecque puisse être constatée avec une certitude absolue. Le marbre d'Argos offre la réplique la plus tardive des groupes que nous venons d'étudier : il forme la transition entre les œuvres d'art et les représentations funèbres avec lesquelles il présente de grandes ressemblances.

Les faits qui ressortent de la comparaison des différents monuments d'art du cycle de Psyché sont très-nets (3). Un type de Psyché est conçu et traité par les artistes à une époque très-voisine de la période macédonienne. Psyché est associée à Eros dans des groupes qui n'offrent aucun rapport avec les épisodes du conte d'Apulée. Enfin les sculpteurs se plaisent à reproduire un motif qui prendra place sur les sarcophages à titre de symbole funèbre.

---

(1) N° 26.

(2) N° 29. Une terre cuite d'Ephèse, qui se trouve à Athènes dans une collection particulière (n° 30 *ter*), n'a pas une moindre importance. Elle reproduit l'attitude et les attributs consacrés d'Eros et de Psyché, tels que la sculpture les a vulgarisés. Rien ne prouve mieux que la tradition était créée à une certaine époque ; elle était assez forte pour être respectée par les artistes, même dans ces productions fragiles de l'art hellénique, où la part faite au caprice restait si grande.

(3) J'ai négligé à dessein de faire entrer dans mon catalogue plusieurs monuments dont je n'ai pu avoir sous les yeux aucune représentation.

1° Psyché. Bronze de la collection de M. Fejervary. *Bullettino dell' Instituto*, 1851, p. 125.

2° Eros et Psyché. Terre cuite appartenant à la collection Raffaele Barone. *Bullettino dell' Instituto*, 1851, p. 111, et *Monumenti antichi inediti posseduti da Raffaele Barone, con brevi dilucidazioni di Giulio Minervini*. Naples, 1850.

3° Eros et Psyché. Terre cuite de la collection Raffaele Gargiulo. *Archæologische Zeitung. Neue Folge*, juin 1848, p. 301, n° 440.

4° Psyché (?). Terre cuite de Kalymno. *Arch. Zeitg. Neue Folge*, juin 1848, p. 278, n° 18.

Il n'y a pas là coïncidence fortuite et pur caprice des artistes. Ces statues se rattachent à un mouvement d'idées dont la trace est perdue dans la littérature. Les monuments de la statuaire sont encore trop peu nombreux pour nous faire connaître toutes les nuances de ces idées et de ces sentiments. Les pierres gravées et les peintures, plus variées, offrent une plus grande précision dans le détail ; elles pourront jeter un jour nouveau sur cette question si complexe, et nous permettront d'analyser avec plus de détails les idées dont les artistes paraissent s'être inspirés.

CHAPITRE III.

Les monuments de cette classe sont très-nombreux; cependant, nous ne signalons pas tous ceux qui existent, soit dans les musées d'Europe, soit dans les collections particulières. Nous en avons négligé beaucoup; d'autres, sans doute, nous ont échappé. L'intérêt que présentent les pierres gravées est moins dans le grand nombre que dans la variété des sujets traités. Les répliques plus ou moins fréquentes d'une scène connue n'ont qu'une importance secondaire; car il est souvent fort difficile de distinguer les originaux antiques des imitations faites par les faussaires; et les auteurs des anciens recueils de pierres gravées n'ont pas toujours apporté à ce départ une critique assez exercée. Nous nous sommes attaché surtout à recueillir les principaux types des représentations, à en former des séries et à les classer en procédant du sujet le plus simple au plus compliqué.

On ne saurait établir avec rigueur la date de toutes ces pierres gravées. Elles se répartissent sur un très-long espace de temps, qui va de la période macédonienne à la basse époque romaine. Plusieurs sont même postérieures au siècle des Antonins et reproduisent des épisodes du récit d'Apulée; ces dernières forment une série spéciale.

Les pierres gravées, classées suivant les sujets, peuvent se ramener à plusieurs séries, qui sont les suivantes :

1° Représentations de Psyché seule ;
2° Psyché maltraitée par Eros ;
3° Triomphe de Psyché sur Eros ;
4° Union de Psyché et d'Eros ;
5° Sujets divers ;

6° Pierres gravées offrant quelque analogie avec les épisodes du conte d'Apulée.

Première série. — Psyché seule.

Une obsidienne du musée de Berlin (1) montre Psyché sous les traits d'une jeune femme, la tête à demi couverte d'un voile et saisissant du bout des doigts un papillon posé sur son sein. Le travail en est très-soigné ; on s'accorde à y reconnaître une œuvre grecque. C'est la forme la plus simple et la plus gracieuse à la fois sous laquelle on puisse concevoir Psyché : il est probable que ce n'est pas la plus ancienne. Il semble qu'on n'ait pas dû atteindre du premier coup ce degré de mesure, où l'allégorie (on peut dire le jeu de mots) qui assimile l'âme au papillon, est exprimée avec précision et avec goût, sans que la forme humaine soit altérée par des accessoires symboliques. Ce n'est pas une simple fantaisie d'artiste. Les nombreuses répliques de cette pierre gravée témoignent de la faveur dont la composition jouissait auprès du public et du sens très-net qu'on y devait attacher (2).

Sur une autre pierre gravée appartenant à la collection de la ville de Genève, dite musée Fol, le papillon et Psyché ne font plus qu'un (3). Les ailes du papillon sont attachées à la tête de la jeune fille, au-dessus des oreilles. La collection de Genève possède cinq répliques du même sujet avec de légères variantes ; l'ailette est tantôt celle d'un oiseau, tantôt celle d'un papillon, et s'attache à la tête ou à la naissance des épaules. J'ai pu voir ces pierres gravées, qui sont d'un travail assez médiocre et d'un caractère tout latin. Elles offrent cependant un grand intérêt : elles montrent les

---

(1) N° 33. Cf. les pierres gravées décrites sous les numéros 34-45, qui sont des répliques de l'obsidienne de Berlin.

(2) Je ne range pas parmi les représentations de Psyché les pierres gravées où figure le papillon associé à différents emblèmes, bien que dans plusieurs recueils elles soient désignées sous ce titre.

En voici une courte liste.

a. Gemme représentant une couronne, une lyre, un vase, des tenailles, une tête de mort, un papillon. Ficoroni y voit l'idée de la mort et de l'immortalité de l'âme. Ficoroni, *Gemmæ antiquæ litteratæ : Gemmæ rariores*, tab. VIII, fig. 1.

b. Papillon volant au-dessus d'une lyre. Hirt, *Abhandlungen der Berliner Akademie der Wissenschaften*, 14. Maffei, *Gemme antiche*, IV, 69.

c. Différentes scènes où figure le papillon. *Gemme antiche figurate incise da Pietro Sante Bartoli, illustrate da Michelangelo Causeo de la Chausse.* Rome, 1805, p. 145, 181, 187, 190, 191, 192.

(3) N° 46 à 51.

différentes variétés du type de Psyché, l'allégorie persistant à travers les changements, et la figure de Psyché s'approchant de plus en plus du type consacré.

Deuxième série. — Psyché maltraitée par les Eros.

Les monuments de cette série reproduisent avec des variantes une même idée : Psyché subissant des tourments ; tantôt enchaînée par Eros, tantôt brûlée par lui à la flamme de sa torche, tantôt attelée à son char.

Plusieurs pierres gravées (1) la représentent nue, les mains attachées derrière le dos et liée à un tronc d'arbre, soit dépouillé de ses feuilles, soit verdoyant. Le papillon qui vole près de l'arbre (2) donne un sens précis à cette figure de femme prisonnière, et permet d'y reconnaître Psyché. La cornaline de Florence, où Psyché, portant des ailes de papillon, est agenouillée, les mains liées derrière le dos, ne laisse pas de doute (3). D'autres fois, elle est assise, le pied pris dans un piége (4).

L'auteur des tourments est Eros. Il apparaît dans plusieurs scènes analogues à celles qui précèdent. Psyché est attachée à une colonne, et, derrière elle, Eros, plus petit, lui lie les mains à l'aide d'une longue bandelette (5).

L'idée de l'âme tourmentée par les désirs est ici très-claire. Mais il est rare que, sur des monuments de ce genre, l'idée ne se complique pas d'accessoires ajoutés par l'imagination de l'artiste, et qu'on ne saurait expliquer qu'avec beaucoup de réserve. Telle est la scène où trois Eros entourent Psyché enchaînée (6). Ailleurs Psyché, reconnaissable à ses ailes de papillon, est assise au pied d'un arbre, enchaînée par un Eros ; un autre, armé d'une verge, regarde la scène (7). Dionysos assis sur un rocher, un thyrse à la main, paraît présider au supplice. Une épigramme de Méléagre

---

(1) N°ˢ 52, 53.
(2) N° 54.
(3) N°ˢ 55, 56.
(4) N° 57.
(5) Gerhard (*Hyperboreisch. Römische studien für Archäologie*, Berlin, 1853), interprétant cette scène, pensait d'abord à *Vénus Libitina*. L'analogie qu'elle présente avec d'autres, où l'on ne peut méconnaître Psyché, l'a déterminé à changer d'opinion. N° 62.
(6) N° 56.
(7) N° 59.

semble se rapporter à cette scène ou à une autre analogue (1). La présence des Eros et du dieu de l'ivresse indique que l'artiste ne s'est pas sans doute élevé à la haute pensée qu'imagine Maffei : « la vertu réduite en servitude par le vice (2) », mais qu'il a simplement voulu traduire dans une scène figurée l'état passionné d'une âme en proie aux désirs. C'est l'esprit général de toutes ces représentations gravées sur des pierres fines : elles expriment plutôt l'allégorie des passions que des théories philosophiques.

La même idée règne dans les séries (3) suivantes. Le genre de supplice qu'Eros fait subir à Psyché est seul différent. Eros, armé d'une torche, foule aux pieds Psyché qu'il a saisie par les cheveux ; la jeune fille, les bras élevés, supplie et se plaint. Les pierres gravées, très-nombreuses (4), où Psyché est figurée sous la forme d'un papillon qu'Eros brûle à sa torche, sont la traduction énigmatique de la même allégorie.

Ce thème de l'âme tourmentée par le désir est très-varié et très-complexe ; il comporte les nuances les plus délicates et les plus fugitives, qui n'ont pas échappé à l'analyse spirituelle et déliée des Grecs. Aussi ne faut-il pas s'étonner de trouver représentée, toujours dans le même esprit d'allégorie enjouée, une idée au premier abord toute moderne : celle de l'âme purifiée par l'amour (5). Un Eros ailé tient d'une main le papillon au-dessus de la flamme d'un trépied, et de l'autre s'essuie les yeux en détournant la tête. L'amour purifiant l'âme qu'il torture à regret pour l'ennoblir, c'est une idée grave et sérieuse, plus élevée que les simples allégories de la passion. Aussi la retrouve-t-on sur les monuments funèbres. C'est là qu'elle a toute sa valeur, grâce à un rapport évident avec les idées sur la vie future et sur la destinée qui attend l'âme réunie pour jamais à l'amour divin.

Deux figures de Psyché attelées ensemble à un char que conduit Eros (6) ; deux papillons traînant un char ou une charrue

(1)   Οἴσω, ναὶ μὰ σὲ, Βάκχε, τὸ σὸν θράσος · ἄγεο, κώμων
        ἄρχε · θεὸς θνατὰν ἀνιοχεῖ κραδίαν ·
        ἐν πυρὶ γενναθεὶς στέργεις φλόγα τὰν ἐν Ἔρωτι,
        καί με πάλιν δήσας τὸν σὸν ἄγεις ἱκέτην.
        Ἦ προδότας κάπιστος ἔφυς · τεὰ δ'ὄργια κρύπτειν
        αὐδῶν, ἐκφαίνειν τἀμὰ σὺ νῦν ἐθέλεις.
                                        (Anth. pal., XII, 119).
(2) *Gemme antiche figurate*, vol. IV, tavola 74.
(3) N°⁵ 64 et suiv.
(4) N°⁵ 65-68.
(5) N° 70.
(6) N°⁵ 74, 75, 77.

sous l'aiguillon d'Eros (1) ; ce sont encore des variantes de l'idée
qui fournissait à l'imagination des artistes un thème inépuisable.
Vouloir les expliquer dans le détail, y chercher l'allégorie de deux
âmes unies sous l'empire d'une même passion, ce serait peut-être
prêter aux graveurs en pierres fines une intention qu'ils n'ont
pas eue. Pour des œuvres d'art de cette nature, destinées à servir
de bijoux, l'exécution est tout, l'idée peu de chose. Il suffit que
le sujet soit gracieux. Tout le mérite consiste dans le fini du détail. Il est d'ailleurs très-difficile de faire le départ entre les allégories de l'âme et les scènes très-fréquentes où un enfant, plusieurs quelquefois, jouent avec un papillon. L'*enfant au papillon*
est un motif aimable, emprunté à la vie réelle, et dont le caractère convenait à merveille pour la décoration d'un bijou délicat.
Il devait être traité fréquemment. Il ne comporte pas de sens symbolique, non plus que l'*enfant jouant avec un oiseau*, dont les
musées et les villas de Rome possèdent tant de répliques antiques.

Un vase de sardonyx (2), conservé à Saint-Pétersbourg, permet
d'apprécier dans quelle mesure et avec quel esprit les artistes anciens jouaient sur l'équivoque du nom de Psyché ; il montre bien
comment le thème infiniment varié de l'âme tourmentée par les
mille désirs de la passion est devenu le motif de scènes très-dif-
férentes qui ne se relient entre elles que par l'unité de l'idée première. Le vase est très-riche et gravé en relief. Kœhler l'attribue
aux premiers temps de l'époque impériale (3). D'un côté, Apollon
est assis, sa lyre à la main. Diane est près de lui, un cerf à ses
côtés. L'Hymen, portant un flambeau nuptial, et Hébé volent
derrière eux, le visage tourné vers le dieu qu'ils semblent écou-
ter. Une jeune femme, élégamment vêtue d'une robe à longs plis,
est assise près de ce groupe ; elle appelle un génie ailé qui lui apporte un alabastron. Dans la seconde partie, Psyché, enchaînée,
est assise au pied d'un pin. Des Eros sont occupés à faire la chasse
aux papillons. L'un d'eux va percer d'une flèche un papillon qui
vole près de lui ; un petit génie en poursuit un autre qu'il menace
de sa torche enflammée, tandis qu'un troisième génie s'envole
dans une coquille attelée de deux papillons. La richesse de la
matière, le fini du travail, le choix des sujets, qui se rapportent à
une scène de mariage, font supposer que ce vase était quelque ca-

_____

(1) N° 76.
(2) N° 73.
(3) *Gesammelte Schriften*, publiés par Stephani, 1851, p. 77 et suiv.

deau de noce. La scène de Psyché, des Eros et des papillons paraît être une simple allégorie galante, où la passion a plus de part que les idées morales sur la destinée de l'âme. Le sujet figuré sur ce vase, postérieur aux pierres gravées de l'époque alexandrine, résume, dans une scène plus étendue, l'esprit général des représentations de Psyché réunies dans la seconde série.

C'est la psychologie figurée de l'amour spirituellement exprimée, tantôt à l'aide de personnages, tantôt par des symboles très-clairs et compris de tous.

Troisième série. — Psyché triomphante.

Psyché et les Eros sont les acteurs d'une série de petites scènes traitées dans un goût un peu mièvre et dont l'idée générale est l'âme se vengeant des souffrances que l'amour lui a fait subir. C'est une des phases de l'état passionné ; nuance délicate, observée et rendue avec une exactitude psychologique qui n'est pas exempte de raffinement.

Psyché a désarmé Eros ; elle lui a ravi sa torche, lui a mis en main un hoyau et le condamne à un rude travail (1). Dans une autre scène, Eros est pris au piége que lui a tendu Psyché, et dont l'appât est figuré par un papillon. Eros prisonnier, tristement assis, se désole ; un de ses compagnons, le doigt levé, paraît le réprimander et lui reprocher sa déconvenue. Une cornaline de Florence (2), dont les répliques sont nombreuses, le montre enchaîné à une colonne ; le papillon, qui monte le long de la colonne, indique la part que Psyché a prise à cette capture. D'autres fois (3), les Eros ont remplacé les Psychés sous le joug ; c'est l'âme qui les conduit attelés à son char et attachés par de légères bandelettes.

L'idée d'Eros vaincu n'est pas nécessairement associée à celle d'une victoire de Psyché. Les représentations d'Eros enchaîné et gémissant forment tout un cycle, voisin de celui de Psyché, et qui peut, par comparaison, éclairer les origines du mythe. Elles ont le même sens allégorique ; les préoccupations d'une philosophie trop élevée pour ces scènes gracieuses ne sauraient y être mêlées. Sur un camée de Florence (4), ce n'est plus Psyché qui

(1) N° 78.
(2) N°ˢ 80, 81.
(3) N° 82.
(4) Welcker, Rheinisches Museum, 1839, p. 585. — Viverzio, Gemme antiche,

triomphe d'Eros ; c'est Niké. Une palme est plantée en terre près
d'elle, et Hermès attache aux épaules de la jeune fille les ailes
enlevées au prisonnier. Un cachet, conservé à Arolsen et publié
par Otto Iahn (1), reproduit sans doute une statue connue que
l'artiste avait conçue, comme une fantaisie spirituelle, dans le
même ordre d'idées. Il montre Eros désarmé et confus, les mains
attachées derrière le dos. C'est à propos d'une statue analogue qu'a
été écrite l'épigramme de Krinagoras (2). « Oui, pleure et gémis,
traître, maintenant que tes mains sont attachées : pleurer te sied
bien. Personne ne te détachera. Ne regarde pas d'un œil oblique.
Tu as fait jaillir les larmes de bien des yeux, lorsque, lançant des
traits dans les cœurs, tu distillais le poison des désirs qu'on ne
saurait fuir, ô Eros. Les douleurs des mortels te semblent choses
risibles. Eh bien ! tu souffres ce que tu as fait souffrir. La justice
a du bon. »

Les scènes que nous avons décrites sont la traduction de ces
épigrammes, qui marquent dans l'hellénisme une période de raffinement littéraire et de fantaisie mythologique. Il n'y a pas là,
à proprement parler, un mythe, mais plutôt un ensemble d'idées
et de sentiments dont le caractère commun est de se rattacher à
la psychologie des passions. Psyché est sœur de ces génies ailés :
souvent vaincue, parfois victorieuse dans la lutte que livrent à
l'âme humaine les désirs inquiets et mobiles qui naissent de
l'amour.

Quatrième série. — Psyché réunie à Eros.

Plus de trente pierres gravées représentent l'union de Psyché
et d'Eros. C'est la dernière phase de l'allégorie ; elle clôt la série
des revers et des triomphes par lesquels l'âme a passé.

Un grand nombre de ces pierres offrent la reproduction du
groupe du Capitole ; beaucoup des répliques accusent un travail
romain. Elles présentent un grand intérêt. Par leur ressemblance
avec les statues d'une part, de l'autre avec les groupes funèbres
des sarcophages, elles témoignent que les idées sur l'âme et
l'amour formaient comme un vaste cycle très-étendu et très-varié,
et qu'elles se prêtaient à des interprétations fort différentes. Elles

---

per la più parte inedite. Roma, 1809, t. II. — Guigniaut, *Religions de l'antiquité*,
pl. CV bis, n° 409 d. — Wieseler, *Alte Denkmäler*, LV, n. 699.

(1) *Berichte der kœnigl. sächs. Akad. der Wissenschaften*, 1851, Taf. VI, 7.

(2) *Anthologia plan.*, IV, 199.

pouvaient fournir des sujets décoratifs pour les bijoux les plus délicats, ou bien, avec un tout autre sens, des symboles philosophiques pour les monuments funéraires. D'autre part, elles ferment la série des sujets que nous avons étudiés et témoignent d'une unité réelle dans la conception de ces épisodes si variés.

L'union de Psyché et d'Eros ne se présente pas toujours sous une forme aussi simple. Le camée attribué peut-être faussement à Tryphon et remontant sans doute à l'époque alexandrine montre une véritable cérémonie nuptiale. Les deux époux sont enfants et ailés ; la tête couverte d'un voile et portant des colombes, ils sont conduits par un génie qui les guide avec une chaîne ; un autre prépare le lit nuptial ; un troisième porte au-dessus de leur tête la corbeille de fruits symbolique, promesse de fécondité (1).

L'imagination antique avait trouvé d'autres symboles pour exprimer le ravissement de l'âme réunie à Eros. Peut-être faut-il rapporter à cette idée les compositions où Psyché écoute Eros jouant de la flûte ou de la lyre. Pausias, d'après Pausanias (2), avait conçu de la même façon le type d'un Eros bienfaisant, qui a déposé les flèches pour prendre la lyre. C'est l'Eros bienveillant, l'amour qui triomphe de l'âme sans la blesser et la remplit de ses profondes harmonies.

Cinquième série. — Sujets variés.

Dans une aussi longue suite de monuments, plusieurs n'offrent qu'un rapport lointain avec la fable principale. Sur quelques pierres gravées, Psyché figure dans des scènes de pure fantaisie, qui ne se peuvent expliquer par l'allégorie de l'âme et de l'amour. Le type de Psyché étant créé, les artistes l'ont emprunté à la fable pour donner à leurs compositions un tour plus ingénieux. Psyché sortant du bain (3), sacrifiant à un autel (4), gravant son nom sur une colonne (5), ce sont là des thèmes qui prêtent à une exécution spirituelle. Les peintres qui décoraient les maisons de Pompéi ne songeaient pas à faire de la mythologie, quand ils peignaient des Psychés et des Eros occupés à tresser des guirlandes

(1) N° 95.
(2) « Ἐν δὲ αὐτῷ Παυσίου γράψαντος βέλη μὲν καὶ τόξον ἐστὶν ἀφεικὼς Ἔρως, λύραν δὲ ἀντ' αὐτῶν ἀράμενος φέρει. »
                                                    Pausanias, II, xxvii.
(3) N° 101.
(4) N° 99.
(5) N° 103.

de fleurs, faisant le vin ou tournant la meule (1). Ils accommo-
daient leurs sujets de décorations au goût du temps, et ne s'in-
quiétaient guère que de flatter les yeux des riches Pompéiens par
des compositions variées. Les scènes où figure Psyché procèdent
du même esprit qui a inspiré la *Marchande d'amours*; ces petits
génies, qui s'envolent capricieusement au milieu de fleurs, de
rinceaux et d'arabesques, ne relèvent que de la fantaisie des artistes.

Sixième série. — Sujets présentant des analogies avec le récit d'Apulée.

Otto Iahn (2) a réfuté l'opinion des archéologues qui ont voulu
rattacher au récit d'Apulée la plus grande partie des pierres gravées; mais la critique la plus sévère ne saurait se refuser à reconnaître une certaine analogie entre la fable latine et les représentations de cette dernière série (3).

Trois épisodes du récit d'Apulée peuvent avoir fourni le sujet
de ces représentations.

Le premier, sans être explicitement raconté, trouve néanmoins
sa place dans le conte latin. C'est Eros contemplant Psyché endormie (4); le graveur, usant de la liberté dont jouissent les
artistes, a mis une lampe dans la main d'Eros.

Les deux autres épisodes sont ceux des épreuves infligées par
Vénus à la jeune femme (5).

Psyché est occupée à trier des grains de froment, d'orge, de
mil, etc., sur l'ordre de Vénus (6). Elle est aidée par les fourmis,
et sur une des répliques apparaît l'aigle de Jupiter (7).

Un autre groupe de pierres gravées la montre accomplissant
l'épreuve du vase. Tantôt désespérée, elle est assise, tenant à la

---

(1) Voyez en particulier les sujets figurés sur les murs de la maison dite *Della
parete nera*, à Pompéi. Cf. n⁰ˢ 7, 8.

(2) *Archäologische Beiträge*, p. 121 et suiv.

(3) On retrouve aussi sur un sarcophage trois scènes empruntées à coup sûr
au conte d'Apulée. C'est Psyché implorant Vénus, revenant des enfers avec la
pyxis de Proserpine, et enfin debout auprès de Jupiter qui consent à son union
avec Eros. (V. n° 171 du catalogue).

(4) N° 104.

(5) *Apuleii Psyche et Cupido*, édition d'Otto Iahn, p. 49 (VI, 10); *ibid.*, p. 52
(VI, 13, 14).

(6) N° 105.

(7) N⁰ˢ 106 et 107.

main une petite amphore (1) ; tantôt elle est aidée par l'aigle, qui, suivant le récit d'Apulée, lui apporte le vase plein de l'eau du Cocyte (2).

Il est visible que, dans toutes ces compositions, l'artiste n'a pas toujours suivi au pied de la lettre le texte de l'écrivain latin. L'épisode de l'épreuve du vase se trouve confondu avec celui de Pan consolant Psyché (3) ; d'autres fois, c'est Psyché elle-même qui remplit l'amphore de l'eau du Cocyte (4).

On pourrait y voir une preuve qu'Apulée a seulement donné une forme personnelle à une fable depuis longtemps connue, ayant cours dans le public, et dont les pierres gravées de cette dernière série reproduisent les différentes versions. Peut-être est-il plus juste de penser que les artistes de l'époque romaine en ont usé librement avec leur sujet, sans prendre garde qu'ils défiguraient des scènes consacrées par un récit écrit.

Les œuvres d'art étudiées jusqu'ici donnent lieu à une conclusion générale qui s'applique aussi bien aux statues qu'aux pierres gravées (5). L'ensemble de ces monuments présente une simple allégorie des passions reposant sur l'analyse des sentiments les plus délicats. La lutte de l'âme contre les désirs, l'âme tantôt victorieuse, tantôt vaincue, enfin réunie à Eros et se confondant avec l'objet de ses désirs, tels sont les principaux épisodes de ce petit drame figuré, qui comporte une infinie variété dans le détail. La forme que revêtent ces idées est multiple ; les symboles des sentiments sont souvent bien vagues, aussi incertains que le sont le plus souvent les sentiments eux-mêmes. La fantaisie des artistes joue sur ce thème avec une grande richesse d'imagination ; mais l'inspiration est une, et se révèle clairement, grâce à la nature même des monuments. La matière précieuse des pierres

----

(1) Nᵒˢ 108, 109.
(2) Nᵒ 107.
(3) Nᵒ 112.
(4) Nᵒ 111.
(5) Bœttiger avait bien compris les caractères très-différents des représentations de Psyché, quand il divisait en deux grandes classes ces monuments figurés :

1ᵒ Ceux qui représentent les peines et les plaisirs de l'amour;

2ᵒ Ceux où les destinées de l'âme après cette vie sont figurées par les épreuves d'un papillon, et plus tard par celles de Psyché, quand l'anthropomorphisme domine.

La division que nous avons établie en *monuments d'art* et *monuments funèbres* répond à celle de Bœttiger, mais avec un caractère de certitude plus marqué. Voir Bœttiger, *Die Fabel von Amor und Psyche* (*Kunstmythologie*, II, p. 394).

gravées, le fini du travail, la destination de ces œuvres d'art, bijoux de prix, faits pour la parure, ce sont là autant de motifs pour en écarter un symbolisme trop grave.

Le caractère même des sujets traités suffit à prouver que la préoccupation mythologique y est très-faible. Nous ne pouvons nous flatter de comprendre dans leurs intentions les plus fines ces petits tableaux où le caprice a tant de part; les nuances nous échappent le plus souvent. Elles font partie de l'esprit d'un peuple et disparaissent avec lui. Nous pouvons au moins les soupçonner, et nous garder des interprétations arbitraires qui dénaturent l'esprit antique. L'équivoque où prête le nom de Psyché, le badinage enjoué, les enfantillages charmants d'un goût raffiné et déjà moins pur, les alternatives de joie et de tristesse où vit la passion, voilà les éléments bien divers qu'on retrouve dans ces scènes figurées : art délicat, sinon très-élevé, et qui nous fait connaître un des côtés les plus particuliers du génie antique. Les peintures céramiques, d'accord avec les pierres gravées, nous apportent, pour l'intelligence de ce tour d'esprit, les faits les plus concluants. Certains vases peints d'Athènes, destinés par le goût exquis du travail et le fini de l'exécution aux classes élégantes et riches, offrent des compositions où l'art le plus parfait sait descendre à un badinage presque puéril ; ce sont des enfants galopant sur des lapins, un Eros jouant avec un oiseau qui porte un petit casque à aigrette et un bouclier (1). C'est la fantaisie d'un art infiniment souple et varié, qui passe, sans déchoir, des conceptions les plus graves aux enfantillages les plus imprévus.

La figure de Psyché, avec ses attributs bien connus, fixe le sens des scènes où elle paraît. Il est clair que l'artiste y a fait allusion à un ordre déterminé de sentiments. Toutefois le nom d'Eros, attribué d'habitude aux petits génies ailés, compagnons de Psyché, n'offre aucun caractère de certitude. Le terme plus général de *Désirs* conviendrait mieux. Ils représentent les mille formes du sentiment pour lesquels la langue n'a pas de mots, et que l'analyse la plus pénétrante ne parvient pas à distinguer. Ce sont eux qui, sur les vases peints de la Grèce, traduisent les émotions des personnages figurés. Un vase d'Athènes (2), dans une scène de mariage conçue avec une rare distinction, montre un Eros volant près des époux, et jouant de la double flûte. Si l'on était

---

(1) Lekythos aryballisque du *Varvakéion* à Athènes. Voir Otto Iahn, *Ueber bemalte Vasen mit Goldschmuck*, pl. I, 1 et 2.

(2) *Varvakéion.* Voyez Heydemann, *Griechische Vasenbilder*, pl. X, fig. 1.

tenté de douter du sentiment dont l'artiste s'est inspiré en traçant
cette figure, il suffirait de regarder les autres personnages. L'attitude réservée et chaste de la jeune femme, dont le visage est
encadré par les plis d'un voile richement bordé, le geste élégant
du jeune homme, qui lui tend la main avec une grâce calme et
simple, ne disent-ils pas clairement que la figure ailée n'est pas
un accessoire banal ? Il n'y a pas d'exemple qui fasse mieux comprendre les délicatesses d'intention dont témoignent ces petites
figures ailées. On ne doit pas perdre de vue l'origine tout hellénique de ces génies. L'art romain, qui les a empruntés à la Grèce,
en a fait abus ; il les a prodigués avec un luxe banal, sans se
soucier de leur conserver le sens qu'ils offraient à l'esprit délié
des Grecs ; il y a vu le plus souvent de simples motifs de décoration.

Si l'on veut se faire une idée juste du rôle de ces petits personnages ailés dans les représentations figurées, il faut considérer les
œuvres purement helléniques. Une plaque d'argent repoussé (1),
de travail attique, et d'un goût très-fin, montre une jeune fille
pesant curieusement deux Eros dans les plateaux d'une balance.
L'artiste athénien faisait à coup sûr le commentaire le plus spiri-
tuel des représentations de cet ordre. Les sentiments qu'elles expriment sont d'une nature bien délicate, et souvent insaisissables,
comme les désirs qui se partagent une âme inquiète, émue par
la passion naissante. Elles procèdent d'un tour d'esprit particulier
à la race grecque, et tout à fait original : à savoir le sens exquis
et juste de ce qu'il y a de plus subtil dans la nature humaine, et
une extrême facilité à fixer ces nuances fugitives par un contour
arrêté.

Jusqu'ici nous n'avons étudié qu'une simple allégorie. Il n'y a
pas trace d'idées philosophiques dans les combinaisons variées
auxquelles elle se prête. Mais le symbolisme funèbre qui apparaît
à la fin du deuxième siècle après J.-C. devait trouver dans ces
créations de l'art des formes toutes préparées. Transportée sur
les monuments funèbres, l'allégorie de Psyché emprunte à sa
destination nouvelle un sens plus élevé et plus grave. Elle
est associée à des idées sérieuses, et, dès lors, elle résume un
ensemble de croyances très-précises sur la vie future et sur la
destinée de l'âme après la mort.

---

(1) Ce monument se trouvait, en 1874, dans une collection privée d'Athènes.

DEUXIÈME PARTIE

Les monuments funèbres

CHAPITRE PREMIER.

LES BAS-RELIEFS FUNÈBRES.

Les bas-reliefs des sarcophages où figure le mythe de Psyché offrent un grand caractère de certitude. Ils le doivent d'abord à leur date, postérieure au deuxième siècle de notre ère, à leur signification évidemment funèbre, et ensuite au sens très-net du mythe, appliqué aux croyances sur la vie future.

Il est très-souvent difficile d'expliquer le caractère funèbre de beaucoup de sujets sculptés sur les sarcophages. Ceux qui sont reproduits le plus fréquemment, Séléné et Endymion, Hippolyte et Phèdre, Laodamie et Protésilas, la chasse de Méléagre, le mythe d'Adonis, le combat des Athéniens et des Amazones, les courses de chars, les scènes dionysiaques, les combats, les lutteurs, les cavaliers, n'ont qu'un rapport indirect avec l'idée simple de la mort; souvent même on serait tenté de n'y voir qu'une décoration mythologique. La présence de Psyché donne aux scènes où elle figure un sens beaucoup plus précis. Psyché est proprement la figure concrète de l'âme. Elle révèle une relation intime et directe entre le mythe où elle est mêlée et les préoccupations sur le sort de l'âme après la vie. C'est peut-être à cette signification très-simple qu'il faut attribuer le grand nombre et le caractère populaire des monuments où elle figure. La foule aime les symboles clairs et facilement intelligibles.

Les représentations funèbres de Psyché offrent encore un caractère particulier : elles sont très-variées. On peut les ramener à cinq séries, qui présentent une suite d'idées dans un développement continu :

1° L'âme entre dans la vie future;

.2° Epreuves de l'âme purifiée par l'amour divin ;

3° Réunion de Psyché et d'Eros ;

4° Développement complet du mythe de Psyché, associé à celui de Prométhée ;

5° Le mythe se transforme : il se confond avec d'autres mythes païens pour exprimer une façon différente de concevoir la vie future.

Première série. — L'âme entre dans la vie future.

L'idée de l'âme détachée du corps, et entrant dans la vie future, est exprimée d'une façon très-claire sur un sarcophage publié par Spon, et avant lui par Montfaucon (1). Un papillon vole au-dessus d'un squelette ; un autre est happé par un oiseau. C'est une preuve de plus que les anciens n'évitaient pas la représentation directe de la mort, comme le voulaient Lessing et son école. Une observation exacte des monuments a montré que le génie antique ne répugnait pas à figurer l'image de la mort dans sa réalité la plus saisissante. Le squelette humain se voit sur un grand nombre de représentations romaines, et l'art grec lui-même n'a pas évité les scènes où ce symbole prenait place (2). On voit avec quelle facilité des faits particuliers viennent troubler des théories générales qui ne sont pas fondées sur une observation scrupuleuse des détails en apparence les plus insignifiants. La vérité sera longtemps encore dans les nuances, plutôt que dans les affirmations trop absolues.

(1) Spon, *Miscellanea eruditæ antiquitatis*, 3. n° 5. — Montfaucon, *Antiquité expliquée*, t. I, ch. XXV, p. 192 et suiv., pl. CXXI, n° 5. — Cf. un bas-relief funèbre représentant un papillon sortant du corps d'une femme morte. Montfaucon, *Ant. expl.*, t. I, c. XXV, p. 192 et suiv., pl. CXXI, n° 4. — Cf. un bas-relief funèbre du musée lapidaire du Vatican ; monument élevé par CRITONIA Q. F. PHILENIA. Deux squelettes encadrent l'inscription (XIIIᵉ compartiment).

(2) Ces représentations sont décrites dans une dissertation de M. G. Treu, *De ossium humanorum larvarumque apud antiquos imaginibus*. Berlin, 1874.

La représentation du squelette se voit sur une lampe d'Athènes, appartenant à M. Lambros (*Institut de correspondance hellénique*, séance du 22 mai 1876).

Un sarcophage conservé à Arles (1) représente la même idée sous une forme moins crue et tout à fait symbolique. Psyché, sous les traits d'une jeune fille, le doigt posé sur la bouche en signe de silence, est amenée par un génie psychopompe devant une figure assise, que son flambeau renversé fait reconnaître aisément pour un génie funèbre. Millin (2) y voit le génie même de la mort. Derrière lui, un personnage debout tient une couronne. On a contesté à cette scène un caractère sérieux (3) ; on a voulu y voir une sorte de jeu, une allégorie enfantine. Mais des scènes analogues ne laissent pas de doutes sur le véritable sens de cette représentation et sur l'allusion directe à la vie future qu'elle contient. La frise d'un sarcophage, au Capitole (4), partagée en cinq petits frontons, représente l'arrivée d'une âme devant les divinités infernales. Deux époux sont réunis sur le lit conjugal, mais Hermès Psychopompe va les séparer. Les deux époux supplient en vain les Parques. Une figure drapée, l'ombre de la femme, s'approche de deux divinités funèbres, assises sur un double trône, près d'un autel allumé, gardé par Cerbère. L'apothéose de l'âme est également figurée sur un autre bas-relief du Capitole, provenant sans doute d'un sarcophage (5). Hermès Psychopompe apporte dans l'assemblée des dieux une figure couverte de longs voiles, où l'on reconnaît sans peine la forme consacrée dont l'art antique revêtait les ombres.

Il convient de ranger dans cette catégorie des bas-reliefs où Psyché figure, sans qu'aucun accessoire particulier vienne donner plus de précision à l'idée que l'âme survit au corps.

Tantôt Psyché est seule, à l'un des angles du sarcophage (6) ; tantôt, faisant face à un génie funèbre, elle soutient le buste en relief de la personne morte (7). Sur un cippe funèbre du cabinet Saint-Vincens (8), elle est assise dans l'attitude du repos, symbole d'une croyance vague ou d'une foi confuse à l'immortalité (9).

---

(1) No 117.
(2) *Voyage dans le midi de la France*, t. III, p. 626.
(3) Lenormant, *Annali*, 1845, p. 222.
(4) *Museo Capitolino*, tav. VI et VII.
(5) Musée du Capitole, *salle des Philosophes*.
(6) Nᵒˢ 119, 121.
(7) No 118.
(8) No 120.
(9) Il faut rapprocher de ce monument les cippes funéraires de Saïda, publiés par M. Renan (*Mission de Phénicie*, p. 380). C'est Psyché pensive, la tête appuyée sur une main, l'autre main abandonnée.

La frise d'un sarcophage du musée Chiaramonti la représente endormie et couchée sur un lit funèbre. Il est intéressant d'observer
que la croyance à l'immortalité comporte bien des nuances. Il n'y
a jamais eu dans l'antiquité païenne de catéchisme religieux ; de
là du vague dans les idées funèbres. Psyché endormie, ou bien
un doigt posé sur la bouche, faisant le geste qui commande le
silence, peut répondre à une certaine façon bien antique de concevoir l'immortalité : c'est une sorte de sommeil prolongé, envi-
ronné d'ombre, existence obscure, qui n'est plus la vie, et qui
n'est pas le néant, mais où l'homme peut trouver ce que souhai-
tent, sur les tombeaux latins, tant d'épigrammes funéraires : le
repos et le calme (1).

Malgré ces variantes inévitables, l'idée simple de l'âme appelée
à une autre vie après la mort se dégage nettement de ces représentations. Psyché y apparaît comme le signe de l'âme séparée du
corps, par opposition aux scènes des pierres gravées, où elle est
l'âme vivante et passionnée. Les compositions plus compliquées
où elle sera mêlée acquièrent dès lors un sens certain : elles
traduisent, sous une forme concrète, tout un ordre de croyances
relatives aux destinées de l'âme humaine.

Deuxième série. — Les épreuves de l'âme.

L'idée de purification et d'épreuves douloureuses, comme condition du bonheur final, se montre clairement dans les monuments de la seconde série.

Sur un cratère de marbre (2) conservé à Rome, au palais
Chigi, un génie ailé tient par les ailes un papillon qu'il brûle à
la flamme de sa torche. Deux femmes vêtues de longues tuniques
à plis droits, et portant des fleurs, assistent à cette scène douloureuse dans une attitude de recueillement pleine de gravité et de
tristesse. Le génie détourne la tête en pleurant ; c'est le geste
consacré pour les cérémonies funèbres : « *Aversi tenuere fa-
cem* (3). »

Le caractère religieux et l'intention funèbre de la scène ne sont
pas douteux. Otto Iahn (4) voit dans les deux femmes drapées des
divinités, Elpis et Némésis ; il reconnaît même entre les mains

(1) « ... *Dormiendum et permanendum hic est mihi...* » Orelli, n° 4808.
(2) N° 126.
(3) *Enéide*, VI, v. 224.
(4) *Archäologische Beiträge*, p. 149.

de l'une d'elles le rameau de pommier consacré à Elpis (1). Quel
que soit leur nom, ces deux femmes témoignent que le supplice
du papillon n'est plus un simple jeu, mais le signe d'une idée
sérieuse. Eros est ici une divinité bienveillante qui souffre des
épreuves de l'âme. Il ne la torture que pour la purifier et pour la
rendre digne de vivre avec lui dans une éternelle union.

Un vase de marbre (2) conservé à Naples reproduit la même
allégorie. Deux génies ailés s'appuient sur des flambeaux renversés dont les flammes s'unissent, et ils tiennent entre eux un
papillon qu'ils brûlent en détournant la tête. L'autre côté du vase
montre deux époux accomplissant un sacrifice funèbre, près d'un
autel, sur lequel une prêtresse verse le contenu d'une patère. Le
génie qui s'appuie des deux mains sur un flambeau renversé, en
penchant la tête, l'urne cinéraire placée à l'extrémité du bas-
relief, et le cygne posé sur un cippe, ne permettent de donner à
cette composition qu'un sens funèbre.

Le papillon brûlé par des génies apparaît encore sur une des
faces d'un autel funéraire, au Vatican (3), et sur le sarcophage
qui porte le nom de *Publius Severeanus* (4). Le double groupe d'un
centaure et d'une centauride portant l'un un faune jouant de la lyre,
l'autre une bacchante vêtue de la nébride, indiquent un rapport
évident entre les idées des mythes dionysiaques et la purification
de l'âme. Nous avons dû consacrer une division spéciale à ceux
des monuments où cette relation est plus nettement marquée. Le
sarcophage de Severeanus offre plusieurs sujets qui expriment la
même idée. L'un d'eux est fort clair : c'est le papillon qu'un
génie brûle à la flamme de sa torche. Le génie funèbre appuyé
sur son flambeau renversé, à l'autre extrémité du sarcophage,
confirme le sens funèbre de cette représentation. Le sujet central
est plus complexe. Un génie tient un porc; un autre élève au-
dessus de l'animal un papillon, et de la main gauche tient
un canthare. Un troisième porte une colombe et une grappe de
fruits. Le génie au papillon occupe le centre de la scène. Suivant
les habitudes de la sculpture, c'est le personnage important, et la
scène a rapport à l'âme. Le symbolisme très-concret des anciens,

---

(1) ... ταῖς δὲ χερσὶν ἔχει τῇ μὲν χλάδον μηλέας, τῇ δεξιᾷ δὲ φιάλην.

(Pausanias, I, 33, 3.)

Un autel conservé à Florence était consacré à Elpis. (Inghirami. *Mon. Etr.*,
III, p. 201.)

(2) No 125.

(3) No 127.

(4) No 128.

à une époque déjà basse , où l'allégorie dégénérait en abus, a pu représenter ici l'âme dégagée de l'enveloppe matérielle (1) : le corps serait figuré par un animal grossier, et la vie toute spirituelle, à laquelle est conviée l'âme transformée, serait représentée par les colombes et les grappes de fruits, symbole fréquent et précis qui, sur les monuments du christianisme, aura sans aucun doute le sens que nous y trouvons ici. Une pierre gravée, publiée par Maffei (2) , reproduit la même allégorie avec des variantes : au-dessous d'un porc, deux génies se disputent un papillon. On peut croire que l'allégorie présentait un sens très-précis; c'était un symbole très-réaliste de la vie spirituelle et de la vie matérielle.

Si la purification est le plus souvent accomplie par Eros , l'âme peut aussi , par sa propre énergie, se purifier elle-même. Le triomphe de l'âme sur les désirs figure sur un bas-relief funèbre publié par Otto Iahn (3). Deux Psychés, l'une vêtue de la robe courte des Victoires, l'autre drapée à mi-corps, domptent un génie ailé ; l'une l'enchaîne , l'autre brûle à la torche du prisonnier ses flèches et son carquois. Des génies ailés , dont l'un est appuyé sur sa lyre , regardent tristement et pleurent. Il semble que ces petites figures représentent les mille désirs qui accompagnent les passions terrestres ; c'est rester dans l'esprit général des représentations funèbres que de voir dans ce bas-relief le triomphe de l'âme , se rendant digne par sa seule volonté du bonheur final.

Ottfried Müller (4) attribue, non sans quelques réserves, l'origine de la fable de Psyché aux mystères orphiques. Ce n'est pas ici le lieu d'examiner cette opinion. Il convient toutefois d'observer dès à présent que la purification est un rite orphique (5). Elle nous apparaît comme une condition du bonheur de l'âme ; elle suppose donc l'idée de souillure et de chute. Elle est comme le terme moyen du mythe , dont les deux termes extrêmes sont la chute au début , à la fin le bonheur de l'âme réunie à l'amour.

---

(1) La relation entre l'âme et le papillon était si étroite, qu'on trouve sur une inscription funèbre le mot *papilio* employé pour *anima* :
   HEREDIBVS MANDO ECIAM CINERE VTM...
   VOLITET MEVS EBRIVS PAPILIO IPSA OSSA LEGANT HE...
   (Gruter, *Inscr. Hispanicæ*, p. xii, n° 17. — Marini, *Fr. Arvales*, p. 638, 764).
(2) *Gemme antiche*, t. IV, pl. LXXV.
(3) *Berichte der Kœnigl. Sächs. Gesamm. der Wissensch.*, 1851, Taf. V.
(4) *Handbuch*, etc., § 397, 9.
(5) Je reviendrai sur ce point dans la troisième partie.

La chute de l'âme n'apparaît que mêlée à un mythe étranger, celui de Prométhée. Le bonheur final est le sujet des représentations qui forment la série suivante.

Troisième série. — Réunion de Psyché et d'Eros.

Peu de motifs se retrouvent plus fréquemment sur les sarcophages que celui de Psyché et Eros se tenant embrassés. Ils ont été peu étudiés ; ils n'ont jamais fait l'objet de recherches spéciales ; le sujet est simple et ne prête pas à des interprétations ingénieuses. Le travail en est le plus souvent grossier et n'a aucune valeur artistique. Cependant, rapprochés des autres séries, ces monuments acquièrent une grande valeur pour l'histoire du mythe.

Le sujet est rarement varié. Eros et Psyché se tiennent embrassés. Eros est ailé et nu ; quelquefois une chlamyde flotte derrière ses épaules. Psyché est vêtue soit d'une draperie qui entoure ses hanches, soit d'une tunique talaire et d'un péplos serré par une ceinture. Elle porte les cheveux enroulés en bandeaux et réunis par un nœud. Des ailes de papillon sont attachées à ses épaules. Eros, par un geste familier, attire à lui le visage de Psyché, qu'il tient par le menton. Psyché, les jambes croisées, entoure de ses bras le corps d'Eros. L'exécution des figures est grossière. Les traits sont irréguliers, les visages bouffis, et les yeux, bridés et saillants, portent l'indication des prunelles. Les hanches sont exagérées, les formes trop rondes, les extrémités lourdes. Toutefois, il est intéressant d'observer que plus le type des figures s'altère, plus l'expression s'accroît. Certaines figures de Psyché trahissent une véritable intention de représenter la béatitude et l'extase. Il semble que cette représentation de Psyché et d'Eros ait survécu à toutes les autres, et que l'expression de ces sculptures presque barbares ait gagné en force à mesure que se perdaient les traditions de l'art. Peut-être la grossièreté du travail prouve-t-elle seulement le caractère populaire de ces sujets, préférés par les gens de la basse classe aux motifs empruntés à la mythologie savante. Les sarcophages étaient des œuvres d'industrie. Il est intéressant d'observer que le mythe de Psyché figure sur les plus grossiers, destinés à la partie moyenne du peuple romain.

Ces représentations donnent lieu à une autre remarque. On y retrouve, sous une forme altérée, les principaux traits du groupe Capitolin. Là, les deux amants ont la plénitude élégante et souple d'une florissante jeunesse. Eros y est représenté jeune homme ;

il n'a rien de ses attributs ordinaires. L'artiste n'a songé qu'à modeler de beaux corps, sans se préoccuper de traduire une idée par un symbole. Mais entre ce groupe charmant et les lourdes sculptures des sarcophages, le rapport est évident jusque dans les détails. C'est le même geste d'Eros attirant à lui la tête de Psyché ; c'est la même attitude, où la jambe est portée en avant par un mouvement gracieux dans le groupe Capitolin, par un effort gauche et pénible dans les groupes funèbres. On ne saurait tirer qu'une conséquence de ce rapprochement : c'est que l'art a fourni à la sculpture des sarcophages la forme extérieure du mythe (1). Mais tandis que dans les œuvres d'art elle a varié au point de devenir parfois la cause d'équivoques, elle s'est conservée sur les bas-reliefs avec une sorte d'exactitude religieuse. Il semble que ce soient les monuments funèbres qui aient fixé définitivement et consacré les représentations figurées du mythe.

Au point de vue des idées du mythe, ces monuments représentent la phase suprême des destinées de l'âme. C'est Psyché, purifiée par les épreuves et jouissant auprès d'Eros d'un bonheur éternel. Un bas-relief funèbre du *British Museum* (2) offre la même scène avec plus d'ampleur. Les deux époux sont couchés sur le lit conjugal ; devant eux, sur une table, est posé le poisson que les anciens, par une sorte de symbolisme naturaliste, associaient à l'idée d'hymen. Au pied du lit, un génie tient un lièvre, l'animal consacré à Vénus ; c'est une véritable scène de mariage. On ne peut traduire plus clairement l'idée qui domine dans cette longue série de bas-reliefs : l'union mystique de l'âme et de l'amour divin (3).

Toutefois, prétendre ramener à un sens absolument mythique toutes les représentations de Psyché, ce serait commettre une grave erreur. On s'est souvent trop hâté de donner une explication symbolique des monuments figurés. Il faut quelquefois demander l'interprétation des bas-reliefs funèbres aux sentiments variés que fait naître dans le cœur des hommes la mort de ceux qu'ils ont aimés. Souvent le groupe de Psyché et Eros se trouve sur des sarcophages de jeunes femmes. L'inscription ou le buste

---

(1) Cf. notre conclusion.

(2) No 161. Cf. la frise du sarcophage de Sainte-Agnès hors les murs, n° 162.

(3) C'est le sens qu'il convient d'attribuer à la scène figurée sur un sarcophage gréco-romain de Képhissia : Eros et Psyché sacrifient sur un autel ; Eros porte dans une corbeille des grenades, le fruit des noces divines (V. n° 163).

qui occupe le médaillon central en fait foi (1). Il est permis de supposer que, dans ce cas, la réunion figurée par le groupe d'Eros et Psyché est celle qu'espère dans l'autre vie la tendresse de l'époux survivant. Il n'est pas rare de trouver le même sentiment exprimé d'une façon plus précise dans des épigrammes funéraires (2). Le caractère et l'âge de la personne morte ont pu déterminer le choix du sujet de Psyché, et donner ainsi comme un accent plus tendre et plus personnel à cette espérance de vie future et de réunion dans un bonheur commun. Le mythe de Psyché se rapproche ainsi de celui de Laodamie et Protésilas, qui figure sur plusieurs sarcophages (3). Eros et Psyché sont assimilés aux deux époux, célèbres par leur fidélité. Ici ce sont les affections humaines qui semblent dominer, et le sens mythique disparaît pour faire place à l'expression de la tendresse conjugale.

Il est inévitable que le mythe de Psyché ait été altéré par les applications que chacun en faisait, suivant ses croyances et ses sentiments. C'est la condition de tous les mythes funèbres. Ils sont flottants, indécis, et se prêtent à mille interprétations variées. Mais ces déviations du mythe n'en modifient pas le sens général. L'espérance d'une réunion de l'âme et de l'Eros divin n'en reste pas moins l'idée dominante de cette longue série de monuments.

Quatrième série. — Psyché associée dans le mythe de Prométhée à à l'allégorie de la naissance et de la mort.

Nous connaissons les principales idées dont l'enchaînement constitue le mythe de Psyché. L'âme a contracté dans la vie mortelle des souillures dont l'Eros divin la doit purifier. Après une série d'épreuves douloureuses qu'Eros lui inflige à regret, elle est appelée à une vie nouvelle qui est sa véritable fin. Purifiée par la flamme, elle est unie à Eros dans un bonheur éternel. Tel paraît être le mythe dont les différentes phases sont représentées séparément, mais avec une connexité évidente. Le mythe de Psyché

---

(1) Cf. n° 149.

(2)   « Hæc est sancta fides, hæc sunt felicia vota,
         Amplexus vitæ ei reddere post obitum. »
              (*Anthologia vet. poet. lat.*, éd. Burmann, 1320).

(3) V. *Museo Pio-Clementino*, t. V, pl. XVIII. — Cf. Sante Bartoli, *Admiranda vestigia*, et Winckelmann, *Monumenti inediti*, n° 123.

est, à vrai dire, une certaine façon philosophique de concevoir la vie et la destinée humaines.

Les monuments qui suivent ont une double importance.

1° Ils éclairent un point resté obscur dans la série des idées qui composent le mythe : à savoir la nature des souillures qui exigent la purification de l'âme.

2° Ils présentent dans un même tableau l'allégorie de la naissance et de la mort, et apportent à la connaissance du mythe un complément d'idées nécessaire.

Les sujets qui y figurent sont très-complexes. Ils ont dû venir à cette place à cause de leur signification, et aussi parce qu'une méthode rigoureuse procède du simple au composé.

Sur les bas-reliefs précédents, Eros et Psyché figurent seuls ou accompagnés d'accessoires très-secondaires. Ici la place principale est occupée par Prométhée. Un bas-relief du Louvre (1) montre Prométhée assis, modelant une figure humaine; d'autres figures, achevées, sont à ses côtés, et Athéné leur communique la vie en posant sur leur tête le papillon symbolique. Le même sujet se retrouve sur une monnaie d'Antonin le Pieux (2).

Le sarcophage du musée Bourbon (3), en reproduisant la même scène, la présente dans un rapport plus intime avec la fable de Psyché. Prométhée vient de terminer une figure humaine qui gît à ses pieds, encore inanimée. Deux Eros amènent près de l'homme nouvellement créé Psyché, qui doit lui donner la vie. L'un d'eux approche de la tête de la statue son flambeau renversé. Les grands dieux assistent à la scène ; leur présence, celle des éléments, donne à la création du premier homme un caractère de gravité solennelle. L'attitude de Psyché est très-digne de remarque. Elle résiste aux Eros ; elle détourne les yeux du corps étendu devant elle, et de la main droite fait un geste de répulsion. La même scène est reproduite sur un bas-relief publié par Visconti (4). Une figure inanimée attend encore la vie aux pieds de Prométhée, tandis que deux hommes nouvellement créés, et animés du souffle vital, semblent s'épanouir à la lumière. Hermès amène près de la statue encore inerte Psyché, la tête inclinée, l'air contraint, et s'avançant à regret. Elle est désignée sur le bas-

(1) N° 169.
(2) N° 171.
(3) N° 172.
(4) N° 168.

relief par le mot ANIMA , qui ne laisse aucun doute sur le sens
de la scène.

L'idée que le corps est une prison pour l'âme apparaît clairement. Elle suppose l'idée de chute, et explique la purification que
l'âme doit subir après un long contact avec le corps mortel. Ottfried
Müller (1) pense que la scène du sarcophage de Naples est conçue
suivant les idées orphiques. Il faut reconnaître que le mythe de
Psyché repose sur l'idée de l'âme déchue de sa dignité première,
et condamnée à l'expiation dans un corps mortel. Elle passe, avant
d'arriver à la vie nouvelle, par plusieurs phases : 1° la chute ; —
2° l'expiation dans un corps humain ; — 3° la purification. — La
réunion avec Eros est la dernière phase.

Les autres monuments n'ajouteront rien à cette suite d'idées ;
ils ne pourront qu'en offrir un plus ample développement.

Les sarcophages du Capitole (2) et du Louvre (3) présentent,
avec de grandes analogies, l'allégorie qui résume les principaux
traits du mythe : 1° la naissance de l'homme, c'est-à-dire Psyché
séparée d'Eros, et venant habiter un corps mortel ; — 2° la mort,
c'est-à-dire l'âme emmenée par Hermès Psychopompe, et entrant
dans la vie future ; — 3° la réunion de Psyché et d'Eros.

Sur le sarcophage du Capitole, les sujets sont disposés avec
une parfaite symétrie. Au milieu, Prométhée modèle une figure
d'homme qu'anime Athéné. Plus loin, l'homme vient de mourir ; de son corps étendu s'envole le papillon. Un génie funèbre
le regarde, tristement appuyé sur sa torche renversée, et tenant
une couronne. Une femme voilée, qu'Otto Iahn (4) croit être la
déesse latine *Mors*, se tient debout près d'Athéné, et préside à la
scène de mort. Le second plan est occupé par les trois Parques ;
l'une file la trame de la vie ; la seconde marque sur un globe les
influences qui président à la naissance de l'homme ; l'autre déroule un *volumen*.

De chaque côté de cette partie centrale le sujet continue avec
symétrie.

A droite, Hermès Psychopompe entraîne Psyché ; à gauche elle
est réunie à Eros qu'elle tient embrassé. Otto Iahn (5) rattache
cette dernière scène à la création de l'homme. Suivant lui, quand

---

(1) *Handbuch*, § 402, 3.
(2) N° 167.
(3) N° 173.
(4) *Annali*, 1847, p. 312 et suiv.
(5) *Loc. cit.*

le corps humain reçoit le souffle de vie, Eros et Psyché s'unissent dans un ardent amour ; ce serait l'allégorie de la vie terrestre. Il reconnaît aussi, dans le génie funèbre pleurant près du cadavre, Eros à qui Psyché est ravie. « L'essence propre d'Eros consiste dans son rapport avec Psyché ; dès que celle-ci lui est enlevée, son activité cesse, et il devient alors une image du repos dans la mort (1). » L'interprétation d'Otto Iahn paraît très-vraisemblable si l'on considère le sarcophage du Capitole isolément. Elle perd de sa valeur si l'on donne au monument sa place dans la série des représentations analogues.

Il semble difficile de voir dans le groupe d'Eros et Psyché une simple allusion à la vie présente, et dans Eros le symbole de l'activité humaine. Plusieurs raisons s'y opposent. D'abord la loi de symétrie, observée exactement sur le sarcophage, et qui met en rapport immédiat le groupe des deux figures, et Hermès Psychopompe entraînant Psyché. C'est d'un côté l'âme entrant dans la vie future, de l'autre le symbole même de cette vie. Ensuite un groupe si souvent répété sur les sarcophages doit avoir un sens moins métaphysique et plus simple que ne le veut Otto Iahn. Les croyances populaires s'accommoderaient mal d'un symbolisme aussi subtil. Enfin la place que le même groupe occupe auprès d'Hermès sur un sarcophage du Louvre, permet d'y reconnaître, avec toute vraisemblance, l'allusion bien connue à la réunion d'Eros et de Psyché.

Les figures secondaires qui décorent les deux angles supérieurs du sarcophage complètent le sens de l'allégorie. D'un côté Hélios quitte l'océan pour éclairer la naissance de l'homme ; de l'autre la Nuit s'envole sur son char. C'est la loi de la naissance et de la mort appliquée à la nature comme à l'homme, et maintenant avec rigueur l'ordre éternel.

Le sarcophage du Capitole et les deux bas-reliefs du Louvre, qui reproduisent le même sujet, font surtout allusion au fait matériel de la naissance et de la mort. La destinée de l'âme n'y est indiquée que par surcroît. Toutefois, ils ajoutent une idée nouvelle à la connaissance que nous possédons de Psyché, de son rôle et de sa nature. Le sarcophage du Capitole la présente sous ses deux aspects : tantôt figurée par un papillon, tantôt revêtue de la forme humaine. Il y a plus. Dans la scène de la mort, elle apparaît sous deux formes à la fois : un papillon s'envole du cadavre, et Hermès entraîne une jeune fille ailée. Ce dualisme, en

(1) *Loc. cit.*

apparence contradictoire, semble confirmer la portée morale du mythe. On est fondé à croire que le papillon représente le principe de vie, et Psyché le principe d'intelligence et de passion, l'âme spirituelle, seule appelée à une autre existence. C'est le papillon qu'Eros torture ; c'est à Psyché qu'il s'unit.

Grâce à cette dernière série de représentations, la connaissance du mythe est complète. Nous avons indiqué la suite des. idées qui le composent, et essayé de renouer le lien qui les enchaîne : la séparation de Psyché et d'Eros; l'exil de l'âme dans un corps mortel ; la purification douloureuse qui lui est infligée ; sa réunion finale avec Eros. Ce mythe constitue une façon plus philosophique que religieuse de concevoir la vie future ; par suite, il donne lieu à des applications variées. Dans tout un ordre de représentations, il entre comme accessoire d'un mythe plus particulièrement religieux, mais empreint d'un caractère aussi élevé. D'autres n'offrent qu'un rapport lointain avec le mythe primitif. Le symbolisme souvent obscur des anciens en a altéré le sens, ou les a réduites à un rôle secondaire.

C'est cette série de représentations que nous allons étudier.

Cinquième série. — Le mythe de Psyché associé à des mythes étrangers. — Psyché figurant dans les sujets dionysiaques.

Un sarcophage, publié dans le journal archéologique de Gerhard (1), représente Psyché faisant partie d'une pompe dionysiaque. Bacchus enfant est traîné par des centaures qui tiennent le *pedum*, une amphore et une palme. Eros et Psyché, celle-ci jouant du tympanon, précèdent le char. Gerhard se refuse à y voir des personnages mythiques (2). Il y reconnaît simplement des images du *genius* et de l'âme. Il est probable qu'Eros et Psyché personnifient les passions humaines, et expriment par leurs gestes le délire divin qui était comme un des rites du culte dionysiaque. On ne saurait, sans entrer dans la question si obscure des mystères, attribuer avec rigueur à ces figures leur véritable sens. Le culte de Dionysos est très-imparfaitement connu ; nous ne pouvons qu'entrevoir la pensée générale qui y dominait, et où

(1) *Archäologische Zeitung : Neue Folge*, 1848, n° 23.
(2) *Loc. cit.*, p. 354, 355.

l'idée de purification, de réunion bienheureuse de l'âme avec les principes éternels de la vie, tenait une si grande place (1).

Quant au rôle de Psyché dans ces thiases dionysiaques, il paraît être le même que celui d'Eros sur un grand nombre de sarcophages, où il figure seul (2). L'imagination antique aimait à représenter les passions sous une forme humaine ; il semble qu'on doive reconnaître ici l'application d'une forme consacrée de l'âme à un ordre d'idées dionysiaques. Essayer de déterminer dans quelle mesure le mythe de Psyché a pu se fondre avec la doctrine des mystères, et comment les idées de palingénésie et de vie future, qui semblent communes aux deux croyances, se sont pénétrées mutuellement, ce serait un travail délicat, et qui dépasserait les limites de cet ouvrage.

Eros et Psyché sont associés à des représentations dionysiaques sur des monuments d'un caractère évidemment funèbre. Le cippe d'Amemptus (3) les montre tous les deux, l'un jouant de la lyre et monté sur un centaure, l'autre assise sur la croupe d'une centauride qui joue de la double flûte. Le sarcophage de l'ancienne galerie Giustiniani (4) reproduit le même sujet. Eros monté sur un centaure est un motif bien souvent traité. Le centaure Borghèse (5), portant en croupe un génie ailé qui lui lie les mains, en offre une des nombreuses répliques. Il est difficile de n'y pas reconnaître un symbole des passions violentes. Ces représentations offrent une telle parenté avec celles où figure Psyché, qu'on est tenté de ne voir dans ces dernières qu'une allégorie de l'âme, et de l'ivresse mystérieuse qu'elle ressentait dans les cérémonies dionysiaques.

La présence de Psyché sur des monuments relatifs au culte de Bacchus n'a rien qui doive surprendre. Les idées de rénovation enseignées aux croyants des mystères, bien que formulées par des scènes joyeuses ou licencieuses, paraissent avoir une grande analogie avec celles du mythe de Psyché. Le renouvellement de l'homme après la mort est le dogme principal que les mystères

(1) Voyez le chapitre sur l'*Orphisme*, dans *Le Sentiment religieux en Grèce* de M. J. Girard.

(2) *Mus. Pio-Cl.*, IV, 24. — Clarac, 143, 41. — Millin, *Galerie mythologique*, 68, 260. — *Mus. Véron.*, 73, 1. — *M. Pio-Cl.*, V, 7. — Millin, *Gal. myth.*, 69, 261. — Zoega, *Bassirilievi*, VI, 77. — Cavaceppi, *Raccolta*, etc., II, 58. — Lasinio, *Campo Santo di Pisa*, 98, 124, 127. — Gerhard, *Antike Bildwerke*, 112, 1, etc.

(3) Nº 184.

(4) Nº 183.

(5) Maffei, *Raccolta*, 72, f. *Mon. scult. Borghes.*, II, 2.

répandent avec une popularité toujours croissante. La curieuse inscription de Doxato, publiée par M. Heuzey (1), fait nettement connaître le bonheur futur que la doctrine dionysiaque promet à l'âme, et la renaissance dont elle exalte l'espoir : « ... Et toi » cependant, renouvelé dans ton être, tu vis dans les Champs-Ely-» sées. Les décrets des dieux ordonnent que celui-là revive sous » une autre forme qui a bien mérité de la lumière du jour : c'est » une récompense que t'avait acquise, dès le chaste cours de ta » vie, cette simplicité docile, conforme aux commandements d'un » dieu. Maintenant, ou bien, dans un pré en fleurs, l'initiée mar-» quée du sceau sacré t'agrége au troupeau de Bacchus, sous la » forme d'un satyre, ou les Naïades qui portent les corbeilles sa-» crées te réclament, comme leur compagnon, pour conduire, à » la lueur des torches, les processions solennelles... » Sans doute, la morale du mythe de Psyché est plus délicate ; les ravissements profonds de l'âme unie à l'amour divin, récompense d'une vie d'épreuves, ne peuvent être comparés au bonheur sensuel et presque matériel réservé dans l'existence future aux croyants des mystères. Mais ce sont là des nuances qui pouvaient échapper à la foule. Des mythes dont le commentaire était tout personnel, qui parlaient au sentiment plus qu'à la raison, devaient souvent se confondre dans les esprits. On se tromperait, si l'on voulait les enfermer dans des formules trop rigoureuses et leur donner une précision qui n'était pas dans l'esprit de l'antiquité.

Le sens qu'on attribuait d'ordinaire aux représentations d'Eros et de Psyché s'est altéré, au point qu'on a pu revêtir de cette forme des personnages fort étrangers au mythe. Un bas-relief en ivoire (2) représente Psyché endormie et Eros ailé, vêtu d'une chlamyde, étendant un thyrse au-dessus de sa tête. Otto Iahn (3) rapproche cet ivoire d'un bas-relief funèbre du *Campo-Santo* de Pise (4), où Bacchus, dans la même attitude, étend son thyrse au-dessus de la tête d'Ariadne endormie. Il pense que, dans le monument qui nous occupe, l'artiste a voulu représenter Ariadne et Bacchus. Nous ne pouvons saisir, dans ses plus petits détails, le travail d'assimilation qui a dû se faire entre deux mythes en apparence si différents. C'est un des caractères des croyances funè-bres, de présenter des affinités secrètes et intimes, dont le lien

---

(1) *Mission de Macédoine*, p. 128, n° 61.
(2) N° 181.
(3) *Archäol. Beiträge*, p. 195.
(4) Lasinio, *Campo-Santo di Pisa*, tav. CXVIII.

mystérieux nous échappe le plus souvent. Nous ne pouvons que les signaler et éviter les affirmations trop tranchantes; le moindre danger serait de fausser ainsi le caractère du génie antique, et de réduire à un ordre systématique des idées et des sentiments confus, incertains, et rebelles à tout système.

C'est encore avec un sens différent que le groupe de Psyché et d'Eros apparaît sur des sarcophages où les légendes mythologiques occupent la place principale. Le sarcophage (1) qui porte le nom d'*Aninia Hilara*, conservé en Angleterre, représente Diane, entourée de génies ailés, et contemplant Endymion endormi. Sous les deux têtes de lion qui décorent la face antérieure, le groupe d'Eros et Psyché se trouve sculpté, étroitement uni à la fable d'Endymion. Il est répété deux fois sur la frise du sarcophage : d'un coté, c'est le groupe habituel; de l'autre, Psyché est assise et Eros s'appuie sur ses genoux. Un sarcophage (2) du musée de Latran montre également le groupe de Psyché et d'Eros associé à la fable de Phèdre. Ces deux figures ailées se tiennent auprès du trône de Phèdre, et devant elle un génie ailé, debout, appuyé sur son flambeau renversé, semble la regarder tristement. Hippolyte, prêt à partir pour la chasse, se tient debout devant Phèdre, et paraît repousser les conseils de la nourrice qui occupe le second plan avec un groupe de suivantes. La deuxième partie de la face antérieure représente une scène de chasse.

La simple vraisemblance ne permet pas d'attribuer ici un sens mythique au groupe de Psyché et d'Eros. Représenté auprès de Phèdre, il ne peut faire allusion qu'à la passion violente qui agite cette héroïne mythologique. Il offre ainsi une grande parenté avec les scènes des pierres gravées. La comparaison du bas-relief de Phèdre avec les autres monuments très-nombreux (3)

---

(1) N° 179.

(2) N° 178.

(3) Otto Iahn (*Archäologische Beiträge*, p. 311) donne la liste des représentations de Phèdre et d'Hippolyte :

    A. Villa Albani. — Zoega, *Bassirilievi*, 49.

    B. Villa Pamfili. — *Beschreib. Rom's*, III, 3, p. 631.

    C. Bénévent. — *De vita antt. Benev.*, I, p. 323.

    D. Capoue. — Gerhard, *Antike Bildwerke*, 26.

    E. Florence. — Gori, *Inscr. etr.*, III, 23.

    F. Pise. — Lasinio, *Campo Santo*, 73, 74.

    G. Paris. — Clarac, 213, 16; 213, 727.

    H. Villa Medici. — *Beschr. Rom's*, III, 2, p. 602.

    I. *Woburn Marble*, 13.

qui offrent la même scène ne laisse pas de doutes à cet égard. La
place du groupe d'Eros et de Psyché y est occupée par un génie
ailé, pareil à ceux qui, sur le sarcophage d'Endymion, voltigent
autour de Séléné. Si l'on considère le goût des anciens pour les
représentations figurées des sentiments, leur habitude constante
de placer ces génies ailés près des personnages tourmentés par
des passions violentes, on attribuera à ce groupe le sens qui paraît
le plus exact. L'artiste a traduit ainsi les sentiments de Séléné et
et de Phèdre, qui sont du même ordre.

On ne saurait affirmer que la fantaisie ait trouvé place sur les
monuments funèbres. Toutefois certains bas-reliefs de sarcophages
présentent une singulière alliance d'idées sérieuses et de représ-
sentations aimables ou enfantines. Il semble que parfois l'imagination antique ait voulu atténuer la gravité de l'idée de la mort,
et, par le caractère des symboles funèbres, donner aux pensées
tristes un tour gracieux sans en atténuer la portée.

Peut-être convient-il d'interpréter dans ce sens le bas-relief (1)
où Psyché est mêlée à une scène enfantine de course de chars. Des
figures ailées ramènent le corps d'un Eros tombé de son char.
Tous les personnages sont des enfants. L'un d'eux est monté sur
le char du mort, dont les chevaux baissent tristement la tête ; un
autre s'essuie les yeux ; une sorte de *designator* précède le cortége
et s'avance vers Psyché éplorée, soutenue par ses compagnes.
Ottfried Müller (2) voit dans cette scène des Eros et Psyché transportant la dépouille mortelle d'Hector. Clarac (3) y reconnaît
l'allégorie de l'amour terrestre qui languit et s'éteint, s'il ne par-
ticipe aux jouissances célestes dont Psyché est l'emblème. Sans
recourir à un symbolisme dont on a fait trop souvent abus, il est

K. Galerie Giustiniani. — *Gall. Giust.*, II, 80.
L.   —   Zoega, *Bassirilievi*, I, p. 229.
M. N. Villa Medici (?). — *Arch. Zeitung*, 1847, p. 68, 71.
O. Villa Aldobrandini. — *Ibid.*, p. 68.
P. Villa Borghèse. — *Ibid.*, p. 67, 71, 74.
Q. Villa Pamfili. — *Ibid.*, p. 71, 73, 74.
R.   —   *Ibid.*, p. 72, 74.
S. Palazzo Lepri. Rome. — Zoega, *Bassirilievi*, I, p. 230, 238.
T. Palazzo Gallo. Rome. — Helbig, *Annali*, 1863, p. 92.
Les monuments de K à T ne sont pas cités par Otto Iahn (V. Hinck, *Annali*,
1867. — Voyez encore Conze, *Drei Sarkophage aus Salona*. Wien, 1872).
(1) N° 174.
(2) *Handbuch*, § 397, 5.
(3) P. 618. *Mus. de sculpt. Bas-reliefs.*

permis de voir dans cette scène une simple allégorie de la mort, revêtue d'une forme enfantine. L'allégorie de la vie, comparée à une course de chars où beaucoup d'*aurigæ* restent en chemin, est très-fréquente sur les monuments funèbres. Les acteurs de cette scène sont quelquefois des hommes faits (1), le plus souvent des génies ailés, qu'on a qualifiés de *génies des courses de chars*. Ce ne sont que les frères de ces innombrables petites figures ailées, répandues à profusion sur les monuments funèbres, et personnifiant les actes de l'homme dans la vie terrestre et dans la vie future. L'allégorie de la vie assimilée à une course de chars est fréquente (2). Le christianisme l'a empruntée au paganisme sous la forme d'un cheval courant dans la carrière et fournissant une course dont le but est une palme. L'idée s'est épurée ; la palme est le symbole du bonheur triomphant que la doctrine chrétienne promet aux élus. Le paganisme se borne à une simple allusion à la vie humaine, où l'idée de mort prématurée reparaît souvent. Ce sont les génies tombés des chars et foulés aux pieds des chevaux.

On s'éloigne encore plus de toute idée mythique avec les monuments où Psyché figure comme simple sujet décoratif, jouant avec Eros.

Psyché sur les bas-reliefs à sujets marins.

Psyché apparaît sur un bas-relief auquel se rattache toute une série de monuments, qui doivent faire l'objet d'une étude spéciale.

Ils ont un caractère funèbre. Ils montrent le plus souvent deux ou trois figures passant dans une barque. On y a vu une allusion à la profession du mort, ou une allégorie de la vie comparée à un voyage sur mer. On a négligé de les rapprocher entre eux et de les comparer aux marbres funèbres qui offrent des génies analogues, se livrant à des occupations différentes.

Un bas-relief (3) encastré dans le mur du palais Vaccari, à Rome, et où figure Psyché, offre un sens très-net et qui peut servir à éclairer celui de tous les autres.

---

(1) Bas-relief d'un sarcophage. *Musée lapidaire*. Vatican, n° 20 (III° compartiment). La course des chars est exécutée par des hommes portant le casque et la cuirasse.

(2) V. bas-relief du musée de Latran, salle I, n° 34 du catalogue de Benndorf et Schœne. — Cf. Gerhard, *Antike Bildwerke*, CXX, 2. — Hubner, *Annali*, 1863, p. 141.

(3) N° 187.

Le fond du bas-relief est occupé par des palmiers, des monuments, des arcades, un phare; en un mot, il offre tout l'aspect de l'entrée d'un port. Quatre barques occupent le premier plan et se dirigent vers le port. La première, de gauche à droite, porte un génie ramant et Psyché tenant une pyxis; la seconde deux génies, l'un jouant du tambourin, l'autre harponnant un dauphin. Dans la suivante, un génie retire un filet, et Psyché joue de la double flûte; enfin, un petit génie pêche à la ligne dans la dernière.

M. Visconti (1) croit que l'artiste a voulu représenter le port d'Alexandrie. Ce serait une allusion à la patrie du mort, dont le buste en relief occupe le médaillon habituel, et où M. Visconti reconnaît le type égyptien. M. Lanciani (2) y voit le port d'Ostie. Aucun d'eux ne tient compte de la présence de Psyché répétée deux fois, et qui occupe une place importante.

L'allusion à la vie future est évidente. La comparaison de ces génies marins avec les génies dionysiaques et les Eros funèbres ne laisse pas de doute. C'est donc dans les croyances funèbres qu'il faut chercher la solution de cette question.

Une allégorie se présente où l'idée de la mer est liée à la préoccupation des destinées futures; c'est celle des *îles Fortunées*. Un examen attentif montre une relation réelle entre cette allégorie et le bas-relief du palais Vaccari. L'artiste a voulu donner à tous les personnages un air de fête; la navigation s'accomplit au son des flûtes et des tambourins; les génies se livrent à tous les plaisirs de la pêche; un oiseau de bon augure vole au-dessus des nacelles; enfin le palmier et la décoration des arcades donnent à la scène un caractère d'allégresse que ne justifie pas la simple allégorie de la vie comparée à un voyage sur mer.

Le sens très-net de ce bas-relief peut aider à comprendre une série de monuments funèbres où la même scène est reproduite avec moins d'accessoires, et, par suite, avec moins de clarté.

Le plus souvent, deux personnages ailés sont assis dans une barque; l'un rame, l'autre gouverne.

On a interprété cette scène différemment. L'allégorie de la vie et du voyage sur mer a trouvé des partisans. Raoul Rochette (3), Jordan (4), y voient toujours le symbole de la vie qui s'écoule.

(1) *Bullettino della Commissione archeologica municipale*, sept.-oct. 1873.
(2) *Annali*, 1868, p. 144, 195.
(3) *Mémoires de l'Institut royal de France*, XIII (1838, p. 217).
(4) *Annali*, 1872,

Otto Iahn, cité par Jordan, pense que la barque peut rappeler la profession du défunt, quand elle est accompagnée d'accessoires, comme le port ou les génies pêcheurs. Quand elle apparaît seule, elle peut être considérée comme une allégorie. M. Visconti croit que l'allusion à la vie humaine est constante. Epandues, les voiles signifient la prospérité de la vie; repliées, l'arrivée au port et le repos dans la mort.

Le défaut de ces théories est de considérer les bas-reliefs isolément. Ils se rattachent au symbolisme général des représentations funèbres, où sont figurés les actes de l'âme dans la vie future. Psyché et les génies ont une parenté certaine. La présence de Psyché sur la plus complète de ces représentations leur donne un sens très-intelligible. Il est difficile de n'y pas voir une allusion au voyage de l'âme vers les îles Hespérides (1).

Le témoignage de la littérature est ici très-précis. Les textes abondent (2) pour montrer combien cette croyance était populaire. Les inscriptions prouvent que l'application de cette allégorie poétique aux croyances funèbres n'était pas un fait isolé; on trouve fréquemment à la fin des épigrammes funéraires l'acclamation εὔπλοι, dernier adieu au mort, souhait de bon augure, qui implique la croyance à une navigation (3). Les vaisseaux voguant à pleines voiles prenaient place sur les monuments funèbres, comme un symbole clair et connu. Trimalcion, commandant son sarcophage, n'a garde de les oublier, et en parle comme d'un accessoire obligé : « *Te rogo ut naves etiam mei monumenti facias plenis velis euntes* » (4).

Les déviations du mythe de Psyché que nous venons d'étudier ont leur importance. Loin d'atténuer le sens du mythe, elles contribuent à en fixer le caractère avec plus de précision. Elles en marquent les contours : elles le montrent prenant des formes diverses, se prêtant aux associations les plus variées (5), se pliant à la pensée de chacun, pour exprimer les sentiments presque indi-

---

(1) *Les sarcophages à sujets marins* ont fait l'objet d'un mémoire de M. Jules Martha, membre de l'Ecole française d'Athènes. Ce travail est encore inédit.

(2) Homère, *Odyssée*, IV, v. 563 et suiv. — Hésiode, Ἔργα, v. 170. — *Axiochus*, cap. 20. — Pindare, *Olymp.*, II, antistrophe IV, v. 6. — Platon, *Gorgias*, LIX, etc.

(3) Millin, *Voyage dans le midi de la France*, t. III, p. 577.

(4) Pétrone, *Satyricon*, LXXI.

(5) Un fragment de plaque de jaspe gravée en creux montre la représentation de Psyché associée au culte de Mithra (Voyez n° 11?).

viduels que faisait naître l'idée de la mort. Cette facilité à offrir
des applications si différentes tient à plusieurs causes : au caractère général des croyances funèbres, et au caractère particulier du
mythe.

Les croyances funèbres du paganisme, loin d'être fixées rigou-
reusement comme chez les chrétiens, sont incertaines ; on trouve à
côté d'épitaphes brutalement matérialistes (1) , de véritables actes
de foi en une vie future (2). Les croyances flottent d'un de ces
termes à l'autre : la religion est impuissante à imposer aux esprits
un dogme précis sur les destinées de l'homme. Si les mythes
purement religieux offrent une grande prise aux interprétations
les plus variées, le mythe de Psyché, tout philosophique, doit être
encore moins respecté dans son unité. Fondé sur une certaine façon de concevoir l'origine et la fin de la vie humaine , il a dû ,
plus que tout autre , se prêter aux applications personnelles. C'est
l'indécision du mythe , aussi bien que la haute portée morale de
l'idée dominante, qui a permis au christianisme de se l'appro-
prier. Une théorie philosophique aussi noble, où règne la croyance
la plus vive à une existence bienheureuse de l'âme purifiée, n'avait
rien qui pût blesser la foi des premiers chrétiens. Aussi en trouve-
t-on le symbole figuré sur un grand nombre de leurs monuments.
C'est la dernière transformation du mythe de Psyché , et la plus
élevée.

(1)   « Vixi, edi, atque bibi, lurco merus atque popino.
       Hæc mihi quot curis vita peracta fuit !
       Qui legis hæc divæ bona verba precare Vacunæ
       Nunc saltem vacuo donet ut esse mihi ! »
                (*Anthologia vet. lat. epigrammatum*, éd. Burmann, 1160).

(2)   « Diis si quæ est cœlo pietas , quæ talia curet ,
       Persolvat dignas grates et præmia reddat. »
                (*Ibid.*, 1162).

CHAPITRE II.

Les monuments chrétiens où figure la représentation de Psyché ont pour la plupart un caractère funèbre. Ils ont été trouvés dans les cimetières chrétiens de Rome, ou appartiennent à la décoration des églises. Ils forment deux classes : les sarcophages et les peintures décoratives. La date varie du deuxième siècle au quatrième.

Première série. — Les sarcophages.

Le christianisme paraît avoir surtout emprunté à l'art païen une des représentations du mythe ; celle qui montre Eros et Psyché se tenant embrassés. Ce groupe figure sur sept sarcophages (1) dont l'un provient de la basilique de Santo-Stefano, et deux autres du cimetière de Saint-Calixte. L'origine de ces monuments, les représentations du bon Pasteur (2) et de Jonas (3) qui figurent sur deux d'entre eux, ne laissent aucun doute sur leur caractère chrétien. Eros et Psyché ont les attributs et l'attitude ordinaires. Un seul monument fait exception (4) ; encore est-il douteux. C'est le bas-relief de l'autel de la *Madonna alla colonna*, à Saint-Pierre de Rome. Le Christ entouré des apôtres se tient debout devant un portail ; un couple d'époux est agenouillé à ses pieds ; un agneau entouré de douze autres plus petits ajoute au sens symbolique de la scène. Derrière le Christ, une petite figure ailée tient un flam-

(1) N°ˢ 188 à 194.
(2) N° 189.
(3) N° 191.
(4) N° 195.

beau, tandis qu'une autre, portant des ailes de papillon, les bras élevés, fait un geste de supplication. On y a reconnu Éros et Psyché.

Il serait téméraire de vouloir trouver un rapport étroit entre les représentations de Psyché et celles d'un caractère purement chrétien qui y sont associées. La présence d'un sujet païen sur les monuments du christianisme s'explique plus naturellement.

L'art chrétien ne s'est pas dégagé tout d'abord des traditions du paganisme. Il a longtemps vécu d'emprunts, conservant la forme extérieure des représentations païennes (1), et mêlant aux symboles connus ses monogrammes et ses figures intelligibles pour les seuls initiés. Une curieuse gemme publiée par Ficoroni (2) montre la tête de Jupiter, au-dessus le monogramme du Christ ☩, et tout autour la légende chrétienne : « *Deus dedit* ; *vivas in Deo.* » Même à une époque de liberté relative, alors que les nouvelles croyances peuvent être professées en pleine lumière, les symboles chrétiens et païens se mêlent et se confondent. Le sarcophage de Junius Bassus (3) (mort en 359), conservé dans les grottes Vaticanes, nous montre le Christ assis sur une figure d'Atlas, représentant le monde (4).

C'est sur les sarcophages qu'un pareil mélange s'observe le plus fréquemment. Les sarcophages étaient des objets d'industrie faits au grand jour. L'art chrétien pouvait s'y exercer moins librement que dans la décoration des salles hypogées des catacombes. Il fallait déjouer la surveillance des magistrats et la curiosité malveillante du public. Le plus souvent même, les sarcophages sortaient des mains de sculpteurs païens. On était réduit à faire parmi les sujets tout préparés un choix ingénieux qui pût sauver les apparences, et respecter les exigences de la foi chrétienne. « Les anciens chrétiens, » dit M. de' Rossi (5), « dans l'âge anté-

---

(1) Voir l'ouvrage de Piper, *Mythologie und Symbolik der christlichen Kunst.* Weimar, 1847. — Cf. Arringhi, *Roma subterranea*, t. I, p. 569 et suiv.

(2) *Gemmæ antiquæ litteratæ*, p. I, tab. VIII, fig. 20.

(3) D'Agincourt, *Histoire de l'art par les monuments*, t. IV. Sculptures, pl. VI, fig. 5-11.

(4) Les docteurs de l'Eglise chrétienne eux-mêmes se plaisaient à assimiler les croyances païennes et les doctrines de l'Eglise.

« Vana est persuasio eorum qui nomen Jovis summo deo tribuunt. Solent » enim quidam errores suos hâc accusatione defendere, qui convicti de uno » deo, cum id negare non possunt, ipsum se colere affirmant, verum hoc sibi » placere, ut Jupiter nominetur. »

(Lactance, Div. instit., I, 11).

(5) *Bullettino d Archeologia cristiana*, Iº anno, 1863, nº 5, p. 35.

rieur à la paix qui leur fut accordée par Constantin, achetaient dans les boutiques des sculpteurs des sarcophages déjà faits. Et l'examen de beaucoup de ceux que j'ai vus dans les catacombes me démontre qu'ils choisissaient ceux qui n'offraient pas d'images contraires aux enseignements et à la religion du Christ. »

Les mythes païens empruntés par les chrétiens sont peu nombreux, et témoignent de l'art délicat avec lequel ils savaient accommoder aux besoins du culte les représentations de la vieille religion romaine. Le Berger, les scènes dionysiaques, le mythe d'Orphée, Ulysse et les sirènes, sont, avec le mythe de Psyché, les représentations figurées qu'ils ont le plus souvent employées (1). Une interprétation ingénieuse faisait sortir de ces symboles une pensée élevée et toute chrétienne. Ulysse (2) attaché au mât de son navire était l'image du chrétien traversant d'un cœur intrépide les séductions de la vie, et fermant l'oreille à tous les bruits du monde.

Les conséquences de ces observations ont une grande valeur pour le sujet qui nous occupe. Le témoignage du christianisme vient confirmer, avec une grave autorité, la haute portée morale du mythe de Psyché. La foi la plus vive pouvait s'accommoder des idées de résurrection et de bonheur éternel qui forment le fond même du mythe, et que l'esprit païen avait conçues avec tant de force. De semblables faits montrent en outre combien était indécise la limite qui séparait, dans les pratiques extérieures, le christianisme naissant du paganisme à son déclin, et par quelle transition presque insensible s'est accomplie cette grande révolution religieuse.

L'assimilation des représentations païennes aux symboles chré-

---

(1) Les monuments chrétiens où figurent le berger et les génies occupés aux travaux de la vendange sont très-communs (V. pour ce dernier sujet le sarcophage de *Junius Bassus, loc. cit.*).

Le mythe d'Orphée se trouve plus fréquemment sur les peintures des catacombes (V. Garrucci, *Storia dell' arte cristiana*, tav. IV, n° 1. — De' Rossi, *Roma sotterranea*, vol. II, IX, et tav. XVIII).

Ulysse et les sirènes figurent sur un curieux sarcophage trouvé dans la catacombe de saint Calixte, et conservé au musée de Latran (Benndorf et Schœne, *A. Bildwerke des Later. Mus.*, IV° salle, n° 126. — De' Rossi, *Roma sotterranea*, I, p. 343, tav. XXX, n° 5. *Bullettino di Archeologia cristiana*, 1863, p. 35, tav. XVIII, fig. 1. — Brunn, *Annali*, 1859, p. 416. — Michaelis, *Arch. Zeitung*, 1864, p. 123.

(2) « Ex quo enim Christus dominus religatus in cruce est, ex eo nos mundi illecebrosa discrimina velut clausâ aure transimus; nec pernicioso sæculi detinemur auditu, nec cursum melioris vitæ deflectimus in scopulos voluptatis » (S¹ Maxime : Homélie 1, *De cruce Domini*).

tiens se marque avec plus de netteté encore sur un monument du musée de Latran (1). Un sarcophage chrétien montre Psyché associée à Eros, figurant au milieu de génies bachiques occupés aux travaux de la vendange. Deux mythes païens se sont mêlés sur ce monument funèbre, unis en quelque sorte dans un même sentiment tout spiritualiste.

Le paganisme aimait à reproduire sur les sarcophages les scènes où des génies ailés sont occupés à fouler le vin dans des cuves ornées de têtes de lions (2). Le rapport avec les mythes dionysiaques est évident. En passant sur les sarcophages chrétiens, ces représentations prennent un autre sens purement allégorique, que les textes sacrés viennent commenter en grand nombre. Rien n'est plus fréquent que l'allégorie de la vigne représentant le royaume de Dieu, et du vendangeur représentant le Christ (3).

Il n'y a assurément qu'un rapport tout extérieur, une simple relation de forme entre le symbolisme païen et l'allégorie chrétienne. Ce qu'il importe surtout d'établir, c'est dans quelle mesure le sens très-net que les chrétiens attribuent, en les adoptant, à ces représentations, peut jeter quelque lumière sur leur signification purement païenne.

Psyché cueillant le raisin au milieu de génies qui vendangent, c'est une allusion, très-claire pour les chrétiens, au bonheur de la vie future. L'âme est plongée dans une douce ivresse ; elle recueille « la liqueur de la vigne divine (4) » que les élus sont appelés à boire. Il est évident que les génies vendangeurs des monuments païens font aussi allusion aux actes de l'âme après la mort ; les petites figures ailées que l'école de Winckelmann aimait à désigner par des noms précis, représentent simplement les occupations de l'âme dans la vie future. Psyché offre une grande parenté avec ces génies ; c'est une forme plus personnelle et plus saisissable de l'âme dégagée du corps, et sa présence sur les mo-

---

(1) N° 196.

(2) V. a. *Museo Capitolino*, tav. XVII.

b. Musée de Latran, salle XII. Catalogue de Benndorf et Schœne.

c. Musée Chiaramonti, 180.

d. Sarcophage d'Arles. Millin, *Voyage dans le midi de la France*, t. III, 572, pl. LXI, n° 3, etc.

(3) « Λέγω δὲ ὑμῖν, οὐ μὴ πίω ἀπ' ἄρτι ἐκ τούτου τοῦ γενήματος τῆς ἀμπέλου, ἕως τῆς ἡμέρας ἐκείνης ὅταν αὐτὸ πίνω μεθ' ὑμῶν καινὸν ἐν τῇ βασιλείᾳ τοῦ πατρὸς μοῦ » (Evangile selon saint Matthieu, XXVI, 29. — Cf. Ev. selon saint Jean, XV, 1. Psalm. LXXIX. Isaïe, cap. V, etc.).

(4) Ev. selon saint Matthieu, *loc..cit.*

numents funèbres donne à l'allégorie de la vie future un caractère plus concret et plus fortement marqué.

Deuxième série. — Les peintures décoratives.

Cette seconde classe de monuments se distingue de la précédente par le sens plus précis qu'elle présente. Les peintures et les mosaïques sont encore à leurs places. Grâce à ce fait matériel, elles expliquent mieux la transformation du mythe, et toute la valeur qu'il pouvait avoir aux yeux des chrétiens.

Nous avons dû ranger dans cette classe un fond de coupe peinte (1) d'un caractère évidemment funèbre, trouvé dans la catacombe de Priscilla. Eros et Psyché s'y tiennent dans l'attitude familière aux groupes païens. Psyché est à demi-vêtue d'un peplos bordé de pourpre ; l'arc et le carquois d'Eros sont à ses côtés. Les fleurs qui occupent le fond sont le seul accessoire ajouté par l'artiste chrétien. Une légende porte les mots : *Anima dulcis, fruamur nos sine bile : zezes* (2). « Ma chère âme, goûtons le bonheur sans arrière-pensée. Vis. » Ici le christianisme ne change rien au mythe païen ; il l'adopte en respectant aussi bien l'idée que la forme.

Psyché, seule ou associée à de petits génies, figure sur les peintures qui décorent deux salles de la catacombe de Domitilla (3).

Une peinture de l'une des salles hypogées la représente dansant avec des génies au milieu d'oiseaux et d'encarpes ; c'est une simple décoration. Les parois principales sont occupées par des sujets tirés de la Bible : Daniel dans la fosse aux lions, Noé dans l'Arche, etc.

Dans une salle attenant à l'atrium extérieur, nous retrouvons Psyché groupée à trois reprises avec les génies. Elle est debout, vêtue d'une tunique, et tenant à la main une corbeille pleine de fleurs. Sur l'une des peintures, un génie verse des fleurs d'une corbeille dans l'autre ; sur les deux autres, un génie, penché devant elle, et faisant la récolte des fleurs, semble obéir à ses

---

(1) N° 197.

(2) Sur la formule *sine bile*, voyez les exemples cités par Buonarroti : *Osservazioni sopra alcuni frammenti*, etc., p. 202.

Rien n'est plus fréquent que ce mélange des mots grecs avec les mots latins dont la présente inscription donne un exemple (V. *ibid.*, tavola **XXIX**, fig. 2).

(3) N°° 198, 199.

ordres. Les trois peintures montrent les personnages dans un véritable champ de fleurs à longues tiges.

Les peintures de cette salle offrent une particularité. Le sujet de Psyché occupe la place d'honneur sur les parois des arcosolium. Les rinceaux sont décorés de fleurs et d'oiseaux.

Suivant M. de' Rossi (1), cette place, attribuée à un sujet païen dans un monument chrétien, s'explique par les conditions précaires faites à l'art chrétien au troisième siècle, c'est-à-dire à l'époque où fut bâtie l'entrée de la catacombe. Les salles extérieures des cimetières, sortes de lieux publics destinés aux réunions des confréries chrétiennes, étaient ouvertes à la curiosité des profanes et à la surveillance légale des magistrats romains. Elles ne devaient offrir que des sujets indifférents ou communs aux deux religions, qui ne pouvaient donner prise à des accusations ou blesser dans leurs croyances les fidèles de la religion païenne. De là cette sorte d'affectation de n'offrir aux yeux du public que des scènes païennes. « Il n'y a là, » dit M. de' Rossi (2), « aucun sujet de la mythologie proprement idolâtre, mais seulement des figures innocentes, qui, pour les païens eux-mêmes, ne signifiaient plus rien ou à peu près, ou qui, faisant allusion aux dogmes de la philosophie platonicienne, pouvaient s'adapter à ceux de l'Evangile. » Un pareil symbole parlait peut-être aux païens un langage plus précis que ne le veut M. de' Rossi. Si le sens s'en était altéré, on le conservait sur les monuments funèbres ; et le caractère religieux et grave qui le faisait respecter des païens le rendait très-propre à orner l'entrée d'une catacombe chrétienne.

La représentation de Psyché, en passant sur les monuments chrétiens, prend une grâce nouvelle. Le christianisme la peint tout enfant ; il l'entoure de fleurs ; il la mêle à des scènes riantes qui trahissent, en dépit d'une exécution grossière, un sentiment de divine allégresse.

C'est dans un tel esprit que paraît conçue la mosaïque de sainte Constance (3). Un des compartiments du plafond représente Psyché, répétée à cinq reprises différentes. Elle est vêtue d'une tunique longue, et derrière elle flottent des draperies qui rappellent celles des danseuses pompéiennes. Tantôt elle tient des fleurs, tantôt elle danse ; elle est associée à des génies dansant, et les intervalles des figures sont remplis par des oiseaux, des animaux et

(1) *Loc. cit. Bullettino di Archeologia cristiana.*
(2) *Loc. cit.*
(3) N° 200.

des fleurs. Le sentiment qui anime cette composition est facile à saisir. Ces génies dansant, ces fleurs, ces oiseaux de tout plumage sont les symboles enfantins et riants par lesquels l'imagination des chrétiens aimait à figurer les joies éternelles. Le paradis, tel que le voit la foi des premiers croyants, est un lieu délicieux, orné de roses et de fleurs de toute espèce. « *Et dum gestamur ab ipsis quatuor angelis, factum est nobis spatium grande, quod tale fuit quasi viridarium, arbores habens rosæ, et omne genus floris. Altitudo autem arborum erat in modum cypressi, quarum folia cadebant sine cessatione* (1). » C'est cet esprit chrétien des premiers temps, plein de fraîcheur et de grâce, qui a rajeuni en quelque façon la figure de Psyché, et lui a donné la dernière forme et la plus aimable sous laquelle elle apparaisse dans les monuments de l'antiquité.

Plusieurs faits ressortent de l'étude des monuments chrétiens.

Elle éclaire un des problèmes de l'archéologie figurée, en expliquant le sens de ces génies qui décorent les sarcophages païens, et dont les occupations reproduisent l'allégorie de la vie future. Une tradition non interrompue les a fait passer de la Grèce à Rome ; et le goût romain semble les avoir surtout attribués aux représentations funèbres.

Pour l'histoire du mythe, les monuments chrétiens témoignent de la place importante qu'il occupait dans les croyances funèbres et du sens élevé, tout spiritualiste, qu'il offrait.

Nous sommes arrivé au terme de cette partie du travail qui a pour objet l'étude des monuments figurés. Il convient d'en résumer brièvement les conclusions et de chercher quels résultats a pu apporter, pour la connaissance du mythe de Psyché, la méthode que nous avons suivie.

Le mythe apparaît comme un ensemble d'idées sur la destinée humaine, s'enchaînant avec rigueur, et exprimées à l'aide d'une forme qu'il n'a pas créée, mais qui traduisait depuis longtemps des idées analogues d'une portée moins élevée. On peut dire que la psychologie figurée des passions a été le point de départ du mythe ; elle lui a fourni les représentations plastiques. Mais les allégories de l'âme et de l'amour ne deviennent mythiques que lorsque, appliquées aux destinées de l'âme, elles donnent la solution d'un problème moral. L'Eros humain se transforme en Eros

---

(1) *Sanctorum Patrum opuscula selecta.* Vision de sainte Perpétue, 11. *Visio Saturi.*

divin ; les tourments de l'âme passionnée deviennent des épreuves , et la réunion d'Eros et de Psyché n'exprime désormais que le bonheur grave réservé aux hommes après leur mort. A coup sûr, la transition ne s'est pas faite d'une façon sensible, et les deux allégories ont vécu simultanément ; mais le caractère funèbre des représentations a fait le mythe. La fable de Psyché s'élève alors à la hauteur d'un dogme philosophique ; elle peut prendre place parmi les croyances les plus pures de l'antiquité païenne.

Il est superflu de revenir ici sur les différentes idées qui forment les phases du mythe ; il suffit d'en rappeler la netteté.

Il importe surtout d'observer que le mythe paraît essentiellement populaire. Les sarcophages où il figure sont des monuments de médiocre valeur, d'une exécution peu soignée ; ils étaient destinés à la classe inférieure ou moyenne. Ce fait a son importance, si l'on songe que le fond des idées du mythe semble emprunté à la philosophie platonicienne. La philosophie est rarement populaire ; elle se transforme en entrant dans le public et revêt des formes concrètes. Le mythe de Psyché paraît avoir été un des symboles grâce auxquels les idées sur l'âme ont pu s'accommoder au goût de la foule ; c'est comme le vêtement populaire d'une grande idée philosophique. L'âme personnifiée dans une figure ailée , subissant des épreuves matérielles , c'était une allégorie vivante, accessible à tous , où les intelligences les moins cultivées pouvaient trouver un aliment à leurs espérances. Que le mythe ait joui d'une grande faveur auprès des classes inférieures, l'intérêt n'en est que plus vif. On touche de plus près à la vie intime d'un peuple, quand on peut atteindre une des croyances de cette foule, que l'archéologie figurée, plus que toute autre étude , peut aider à faire revivre.

La présence , sur les marbres gréco-romains , d'un symbolisme élevé n'a rien qui doive surprendre. C'est le caractère général des représentations romaines d'être empreintes d'une philosophie plus précise que celles des Grecs. Tandis que les stèles funèbres des Grecs font surtout allusion à la vie ordinaire, les sarcophages romains présentent une sorte d'enseignement moral , souvent enveloppé et confus, parfois très-net, comme dans le mythe de Psyché. On est frappé du rapport qui existe , à ce point de vue , entre les habitudes romaines et celles des Etrusques ; mais chez les Etrusques, l'allusion à la vie future se complique d'un appareil lugubre ; ce qui domine , c'est le goût de l'horrible , des images sinistres. Il semble que les Romains aient emprunté aux Etrusques leurs représentations funèbres , en y apportant une sorte de tempérament. Ils ont gardé l'appareil mythologique, en le dégageant de ce qu'y avait ajouté la sombre imagination des Etrusques.

Jusqu'ici, nous n'avons tenu compte que des monuments, sans rien demander à la littérature. Il faut le reconnaître : les monuments sont pour nous l'enseignement le plus riche et le plus précis. Les textes sont rares et peu concluants. Le mythe de Psyché paraît avoir eu la même fortune que ces croyances très-répandues qui vivent, grâce à la tradition orale, jusqu'au jour où elles se perdent en s'altérant peu à peu.

Il convient toutefois de recueillir les textes et de chercher comment ils confirment ou modifient le témoignage des monuments.

TROISIÈME PARTIE

CHAPITRE PREMIER.

LE CONTE D'APULÉE ET LES COMMENTAIRES DES ÉRUDITS.

Le seul auteur ancien qui fasse mention de Psyché est Apulée. En l'absence de tout autre témoignage littéraire, on a cherché à établir un rapport étroit entre le mythe et le récit des *Métamorphoses*; on a vu dans ce conte la forme littéraire d'une croyance mythologique. Le premier vice de ces interprétations, c'est, croyons-nous, d'altérer le caractère du conte latin.

La fable de Psyché et Cupidon est un conte d'un tour très-personnel; l'idée première peut en avoir été empruntée à des récits populaires soit grecs, soit romains; mais il ne reste aucune trace, dans la littérature grecque, d'un conte primitif qui aurait pu servir de modèle à Apulée. Au sixième siècle, un mythographe, Fulgentius Planciades, évêque de Carthage, signale une version grecque de cette fable, et l'attribue à Aristophontes, dans un ouvrage intitulé : *Dysarestia* (1). Au reste, le nom de cet auteur ne se trouve cité nulle part ailleurs. Apulée semble avouer lui-même que son récit est un emprunt; il l'appelle *fabula græcanica*, et déclare qu'il est écrit dans le goût milésien (2). Enfin il est constant que les *Métamorphoses* d'Apulée offrent de frappantes ressemblances avec la *Luciade* de Lucius de Patras, épisode d'un ouvrage anté-

---

(1) « Aristophontes Athenæus in libris qui *Dysarestia* nuncupantur, hanc fabulam enormi circuitu discere cupientibus prodidit » (*F. Fulgentii Planciadis episcopi Carthaginiensis mythologiarum libri III*, p. 143, éd. de Bâle, 1649).

(2) *Métamorphoses*, livre I, c. 1. « Fabulam græcanicam incipimus. »

rieur à Apulée, et dont le titre général était : Μεταμορφώσεως λόγοι (1).

Tous ces faits sont peu concluants. On ne saurait affirmer que la fable de Psyché et le récit des *Métamorphoses* aient une origine commune. D'autre part, la mention d'un auteur inconnu, faite par un commentateur du sixième siècle, constitue un témoignage d'une bien faible valeur. On doit renoncer à connaître exactement les origines littéraires de la fable de Psyché; on peut même douter qu'elle ait revêtu une forme précise avant Apulée.

Il importe avant tout de constater que la fable, dans l'auteur latin, n'a pas de caractère mythologique. Elle n'offre aucun des traits d'une légende naturelle, éclose dans l'imagination religieuse d'un peuple. Le tour qu'Apulée donne à son récit est tout personnel; c'est se méprendre étrangement que d'y voir autre chose qu'un badinage ingénieux, fait pour plaire aux délicats.

La place même que le conte de Psyché occupe dans l'ensemble du récit devrait avertir qu'il faut écarter toute interprétation trop grave. Comment trouver un enseignement philosophique dans ce conte, qui intervient comme épisode au cours d'un roman? Une jeune femme, capturée par une troupe de brigands, est confiée à la servante de la bande. Cette vieille prend pitié de sa prisonnière; pour distraire son chagrin, elle lui conte une histoire merveilleuse qu'elle a apprise dans quelque veillée : récit fabuleux, véritable conte de vieille femme, qui passe de bouche en bouche et charme les longues heures de loisir. On verra plus loin que les malheurs de Psyché n'ont pas seulement intéressé les personnages fictifs du roman d'Apulée : les femmes de Chio et les conteurs campagnards de la Sicile les savent encore : ils en ont appris l'histoire par la tradition orale. Pas plus qu'eux, la vieille servante d'Apulée n'a souci de philosopher, ni de faire à sa prisonnière une leçon de morale. D'ailleurs le nom de Psyché n'avait rien qui pût surprendre les lecteurs d'Apulée, ou paraître choquant dans un conte familier; il est souvent porté, dans la vie réelle, aux deuxième et troisième siècles; on le retrouve dans les inscriptions funéraires (2), et un passage de Pétrone montre que les dames romaines se plaisaient à donner à leurs suivantes ce joli nom grec (3).

---

(1) Voir Fabricius, *Bibliotheca latina*, t. III, c. 2.

(2) Voyez Gruter, 634, 7, 597, 14, 835, 4, 891, 7, etc. Heuzey, *Mission de Macédoine : Inscr.*, 16. Il serait facile de multiplier les exemples.

(3) Pétrone, *Satyricon*, 2, 6. C'est le nom de la suivante de Quartilla, qui cé-

Le récit commence, comme un conte de fées, par la naïve formule chère à nos conteurs : « Il était une fois un roi et une reine. » On y retrouve tout l'appareil, et même tout le personnel des contes populaires : le roi et la reine, personnages débonnaires et effacés ; les deux sœurs aînées, envieuses, perfides, et réduites à épouser de vieux maris goutteux et chauves ; la cadette, si belle, qu'on l'admire avec vénération, qu'on l'adore même à l'égal de Vénus, mais aussi, pour son malheur, curieuse, confiante et crédule. Un oracle la condamne à être exposée sur un âpre rocher pour y devenir la proie d'un monstre hideux ; et voici que les zéphyrs la déposent dans un palais enchanté, et que le monstre se change en un dieu, le plus beau de tous, l'Amour. Supprimez les noms païens ; remplacez l'Amour par un jeune prince accompli, « beau comme le jour, » et Vénus par une de ces fées jalouses qu'une imprévoyance fatale néglige de convier aux fêtes de la naissance ; il semble qu'on soit transporté dans le monde imaginaire où vivait la rêverie de nos vieux conteurs français. Ce sont les mêmes surprises et les mêmes merveilles ; c'est le palais enchanté, éclatant d'or et d'ivoire, où Psyché est servie par des serviteurs invisibles, au son des lyres, bercée par les chants d'un chœur mystérieux ; monde féérique où les roseaux parlent, où les fleuves s'apitoyent, où les fourmis compatissent aux malheurs de l'héroïne, et où la beauté, persécutée par des puissances malfaisantes, finit par triompher. Le dénoûment de toutes ces péripéties ne saurait être qu'un mariage célébré avec une pompe magnifique. Le conteur n'a garde d'oublier que l'union est féconde ; l'enfant qui en naît s'appelle la *Volupté*.

La forme dont Apulée revêt la fable de Psyché paraît bien familière pour un mythe, au sens habituel du mot. Le mythe à la façon de Platon comporte une part de sérieux, de grave enseignement que fait ressortir le caractère enjoué du récit. Il est clair qu'Apulée, en dépit de son platonisme, ne songe pas à faire œuvre de philosophe dans ce conte plein de gentillesses littéraires. On n'y saurait voir qu'un badinage de lettré ; l'écrivain latin emprunte à une série d'idées philosophiques très-répandues, et courant dans le public, une allégorie aimable qu'il rajeunit par le merveilleux et par la fantaisie. On sait d'ailleurs de quelle faveur jouissaient au deuxième siècle les fables milésiennes. Les *Mile-*

lèbre les mystères troublés par Encolpe. Thorlacius, préoccupé de l'idée du mythe de Psyché, attribue à la suivante un rôle mystique (*Fabula de Psyche et Cupidine*, p. 367).

siaca d'Apulée étaient fort appréciées, et les beaux esprits en faisaient leur lecture habituelle. Ce genre de contes, empruntés à une ville célèbre pour ses mœurs élégantes, devait flatter les goûts des gens du monde et des raffinés. Il n'est pas surprenant qu'Apulée ait sacrifié à la mode.

Le ton du récit est familier et badin ; les dieux sont traités fort légèrement, avec cette ironie dont Ovide avait tant de fois donné l'exemple. Rien n'est plus irrévérencieux que la proclamation de Mercure annonçant la récompense promise par Vénus à qui ramènera Psyché fugitive. Ce joli conte, écrit avec une recherche de style qui va jusqu'à la mièvrerie, n'a pas pu sortir d'un cercle d'élite, capable d'en apprécier les délicatesses et les nuances littéraires. On comprendrait avec peine qu'il eût exercé quelque influence sur les croyances de la classe populaire et illettrée.

Si le caractère original de la forme n'est pas douteux, il est impossible de déterminer quelle a pu être, pour le fond, la part de l'invention et celle de l'emprunt. L'idée principale du conte paraît être commune à la littérature populaire de pays très-différents. M. Friedlænder a pu, dans une dissertation lue à l'Académie albertine de Kœnigsberg, rapprocher du conte latin des récits d'origine variée ; il n'en a pas épuisé la liste. M. de Hahn (1) a recueilli dans la Grèce du Nord et en Albanie des contes où, malgré les variantes inspirées par le génie de chaque peuple, on peut reconnaître le fond du roman d'Apulée. Dans une autre partie du monde grec, à Chio, une vieille femme racontait à Buchon (2) les aventures de Psyché, et faisait, sans le savoir, comme une imitation lointaine des *Métamorphoses*. Enfin, tout récemment, un écrivain italien, M. Giuseppe Pitré (3), a publié un conte sicilien où, sous le titre de « Le roi Cristal, » l'histoire de Psyché est reproduite en entier, à peine altérée par une longue tradition, et par le tour d'imagination propre aux paysans siciliens. Eros est devenu un chevalier ; le merveilleux païen a fait place à un appareil purement romanesque ; mais ces différences dissimulent mal le fond primitif de la fable. De simples analogies ne permettent pas d'arriver à des conclusions précises ; en pareille matière, il

---

(1) *Griechische und albanesiche Märchen.* Contes albanais, n°⁸ 100-1002. Contes grecs, n°⁸ 7-40 (54), 71-73. Le fond de ces contes est toujours le même : une femme commet une faute par curiosité ; son mari la renvoie ; elle est soumise à des épreuves que suit la réconciliation.

(2) Buchon, *La Grèce continentale et la Morée*, p. 263.

(3) *Fiabe, novelle, racconti. Novelline popolari siciliane. Nuovo saggio di fiabe e novelle popolari.* 1874, 1875.

faut tenir compte de bien des éléments d'altération ; et la rigueur absolue mène à l'erreur. On peut cependant admettre que la donnée première du récit d'Apulée n'a rien de personnel ; elle a pu être empruntée au fonds commun des récits populaires, qui offrent entre eux, dans tous les temps et dans tous les pays, de si singulières ressemblances.

L'épisode de Psyché, dans l'*Ane d'or*, a été, pour beaucoup d'érudits, la forme littéraire du mythe de Psyché. On s'est appliqué à y rechercher les traits principaux de la fable, au détriment de la vérité scientifique. Cette méthode a donné lieu à différents systèmes qu'il convient d'examiner brièvement.

Le premier commentateur qui ait interprété le roman d'Apulée dans un sens mythologique est Fulgentius Planciades, évêque de Carthage au sixième siècle (1). A cette époque, la notion du mythe s'est obscurcie ; l'auteur du commentaire, pénétré d'un esprit tout chrétien, ne cherche qu'à tirer de la fable une leçon de morale. La ville où règne le père de Psyché figure le monde ; le roi et la reine sont Dieu et la matière ; des deux sœurs, l'une représente la chair, l'autre le libre arbitre ; enfin Vénus ou le Désir persécute l'âme, et lui envoie le désir du bien et du mal, c'est-à-dire Cupidon. On n'est pas étonné de retrouver sous la plume du mythographe le nom d'Adam ; pour l'évêque de Carthage, le rapprochement va de soi entre le premier homme de la Bible et Psyché, tous deux victimes de leur curiosité, expulsés d'un lieu de délices, et condamnés aux souffrances de l'expiation. En dépit de cette interprétation, dont la naïveté fait sourire, le témoignage de Fulgentius Planciades n'en est pas moins précieux. Il prouve qu'au sixième siècle il existait encore un souvenir confus de l'allégorie antique. Cette sorte de tradition lointaine a pu égarer un écrivain sans critique et lui suggérer le symbolisme naïf où il se plaît.

Après Planciades, nombre d'érudits ont eu l'occasion de commenter soit le conte latin, soit quelques-uns des monuments qui représentent Psyché. Les savants du dix-septième et du dix-huitième siècles adoptent en partie la théorie de Fulgentius et s'accordent à reconnaître dans la fable d'Apulée une des versions du

---

(1) F. Fulgentii Planciades, episcopi Carthaginiensis mythologiarum, *loc. cit.* — Cf. le *Mythographus Vaticanus*, I, 231.

Ce dernier se borne à une simple analyse, sans essayer de faire un commentaire mythologique du récit. Le texte du *Mythographus Vaticanus* est reproduit à la suite de l'édition qu'Otto Iahn a donnée de l'épisode de l'Amour et Psyché dans le roman d'Apulée. Leipzig, 1873.

mythe. Préoccupés d'en chercher l'origine et plus soucieux de consulter les textes que d'examiner les marbres, ils admettent sans peine que le mythe de Psyché a pris naissance dans les mystères de Thespies, et faisait partie de l'enseignement secret donné aux initiés (1). On va jusqu'à supposer que ces croyances ont leur origine en Chaldée, en Perse, en Egypte. Telle est, dans les deux derniers siècles, l'opinion courante sur la fable de Psyché ; elle est admise en Italie par Buonarroti, en France par le P. Montfaucon, et plus tard en Allemagne par la majorité des érudits, qui se sont arrêtés à cette question. Ceux qui s'en écartent un peu imaginent des variantes assez originales pour être signalées. Suivant Thorlacius (2), Psyché est l'héroïne de la foi conjugale ; le mythe est destiné à montrer aux époux le suprême bonheur réservé à la fidélité éprouvée, mais triomphante. Un récent éditeur d'Apulée, s'autorisant de la fréquente répétition du nombre trois dans le cours du récit, affirme l'étroite connexité de la fable avec les mystères (3).

Au commencement de ce siècle, Hirt (4) applique à l'étude du mythe une méthode plus sévère et examine les monuments figurés. Mais, prenant le récit d'Apulée comme point de départ, il arrive à une conclusion qui n'est point justifiée par les faits. Il rapproche les monuments qu'il a recueillis, en petit nombre, des principaux épisodes de la fable de Psyché, et s'attache à prouver que les marbres sont comme la traduction figurée du texte. La théorie qui fait procéder la fable de Psyché des mystères de Thespies ou d'Eleusis a été présentée avec plus de mesure par les archéologues contemporains. Bœttiger (5), Otto Iahn (6), ne s'écartent pas sensiblement sur ce point de M. de Witte (7). Ottfried Müller, avec sa réserve habituelle, émet l'hypothèse que la fable a une origine orphique. Il est un point sur lequel les érudits contemporains paraissent tomber d'accord : c'est l'existence de la fable antérieurement au récit d'Apulée.

(1) Voyez Buonarroti : *Osservazioni soprà alcuni frammenti di vasi antichi di vetro ornati di figure*, etc. Florence, 1716, p. 193, sub *tavola* XXVIII.

(2) *Prolusiones et opuscula Academica*. Copenhague, 1801, t. I, n° 20, sect. II, p. 341-358.

(3) *Apuleij opera*, éd. Hildebrand, t. I (Proleg., p. xxxvii).

(4) *Abhandlungen der Berliner Akademie der Wissenschaften*, 1812, 1813. *Ueber der Fabel des Amor und Psyche nach Denkmälern*.

(5) *Ideen zur Kunstmythologie*, p. 408.

(6) *Archäologische Beiträge*, p. 124.

(7) *Elite des monuments céramographiques*, t. IV, p. 127 et suiv.

L'étude des monuments figurés a contribué à modifier les idées
qui avaient cours ; elle a prouvé que le rôle des textes doit être fort
secondaire. La littérature ne fait guère que confirmer le témoignage des monuments. On chercherait en vain , dans les écrits
·qui nous sont parvenus , une forme bien arrêtée du mythe de
Psyché. Toutefois , les idées qu'il renferme ont dû trouver place
dans la littérature. Grâce à l'enseignement si riche et si précis
des œuvres figurées , on peut reconnaître , entre les textes et les
principales idées du mythe , une relation qui n'a rien de factice.

CHAPITRE II.

L'allégorie de l'âme tourmentée par les passions, qui forme comme la première phase du mythe, a inspiré à Méléagre toute une série d'épigrammes (1). Il ne faut pas chercher de sens mythologique dans ces petits poëmes, où la pensée, demi-sérieuse et demi-souriante, se plaît à des allusions souvent subtiles. La littérature légère raffine sur le thème qui exerce en même temps la fantaisie des graveurs en pierres fines. Que le poëte plaigne l'imprudente Psyché, victime d'Eros (2), ou qu'il la mette en garde contre la passion, c'est toujours une sorte de psychologie un peu raffinée qui personnifie les sentiments mis en jeu par le poëte. On ne sait quelle part il faut faire à l'allégorie de l'âme et à l'équivoque de Psyché et du papillon. Il est probable que tout y est mêlé : les sous-entendus faisaient en partie le charme de ces œuvres légères.

La littérature présente l'allégorie de Psyché comme une conception très-familière au public. Les épigrammes de l'Anthologie supposent tout un ordre d'idées plus élevées, dont le caractère platonicien n'est pas douteux. En rechercher l'origine dans les divers systèmes philosophiques et prétendre fixer avec certitude la forme que ces idées prenaient dans les esprits, ce serait une entreprise bien téméraire. La fable de Psyché présente plutôt le caractère d'un enseignement pratique et d'une croyance positive que d'une théorie spéculative. Nous devons nous borner à signaler les points de contact qu'elle offre avec la philosophie.

Le rapport des idées qui constituent le fond du mythe avec les

(1) *Antholog. palat.*, V, 57; XIX, 80; XII, 132, etc.
(2) *Antholog. palat.*, XII, 80.

croyances orphiques a déjà été signalé par Ottfried Müller. « La fable de Psyché repose bien évidemment sur l'idée orphique qui voit dans le corps la prison de l'âme ; suivant les doctrines orphiques en effet, l'âme passe sa vie sur la terre dans le souvenir d'une réunion pleine d'un bonheur ineffable avec Eros dans les Æones antérieures ; mais, repoussée par lui, elle brûle d'une flamme inutile, en attendant que la mort les réunisse une seconde fois (1) »

On ne saurait entrer ici dans un examen détaillé des doctrines orphiques. Il suffit de rappeler que les principales idées du mythe, la chute, la déchéance, la purification et le retour à un état plus heureux, trouvent des analogues dans les dogmes de l'orphisme. L'idée du corps considéré comme une prison, et de la vie présente infligée à l'âme comme une punition, est un des dogmes principaux des Orphiques ; le témoignage de Platon, sur ce point, est concluant (2). L'idée de souillure entraîne celle de purification ; entre les rites de la purification, qui tiennent une si grande place dans les mystères orphiques (3), et les épreuves de Psyché, le rapport est frappant. Si l'on ne peut conclure avec rigueur à l'origine orphique de la fable de Psyché, il faut reconnaître que la parenté avec les mystères de l'orphisme est évidente.

C'est surtout dans la philosophie platonicienne que se révèlent les plus grandes ressemblances avec les idées du mythe. Passant des mystères orphiques dans les doctrines du platonisme, la théorie sur l'âme déchue, qui traverse des épreuves pour arriver à la vie bienheureuse, a trouvé dans les écrits de Platon et de l'école platonicienne sa plus haute expression. Ces idées sont trop connues pour qu'on y insiste. On sait toute l'importance que Platon attribue aux purifications (4) ; elles lavent l'âme des souillures qu'elle a contractées dans le corps, prison mortelle dont la mort seule la délivre. L'auteur de l'*Axiochus* est pénétré des mêmes idées : « Nous sommes une âme, être immortel, enfermé dans une pri-

---

(1) *Handbuch*, § 397.

(2) « Καὶ γὰρ σῆμά τινές φασιν αὐτὸ εἶναι τῆς ψυχῆς, ὡς τεθαμμένης ἐν τῷ νῦν παρόντι. Καὶ διότι αὖ τούτῳ σημαίνει ἃ ἂν σημαίνῃ ἡ ψυχή, καὶ ταύτῃ σῆμα ὀρθῶς καλεῖσθαι. Δοκοῦσι μέντοι' μοι μάλιστα θέσθαι οἱ ἀμφὶ Ὀρφέα τοῦτο τὸ ὄνομα, ὡς δίκην διδούσης τῆς ψυχῆς, ὧν δὴ ἕνεκα δίδωσι· τοῦτον δὲ περίβολον ἔχειν, ἵνα σώζηται, δεσμωτηρίου εἰκόνα » (Platon, *Cratyle*, § 38, p. 264, éd. Bekker). — Cf. Nægelsbach, *Die Nachhomerische Theologie*, p. 403 et 404.

(3) Pausanias, l. IX, c. XXX, 50. — Platon, *De republicâ*, II, § 7, p. 348, éd. Bekker. — Apulée, *De apolog.*, p. 142.

(4) *Gorgias*, § 105, p. 276, éd. Bekker.

son mortelle ; pour notre mal, la nature nous a entourés de ce corps pour lequel les joies sont obscures, fugitives, mêlées de douleurs, les maux clairs, durables, sans·mélange de plaisirs. Elle a ajouté les maladies, les altérations des sens, les maux intérieurs. L'âme, qui y est comme mêlée et qui souffre de ces douleurs, regrette l'éther céleste dont elle est sœur ; elle en est altérée ; elle voudrait y revivre, y retrouver les chœurs de danse. Ainsi, sortir de la vie, c'est passer du mal au bien (1). »

La fable de Psyché a tous les caractères d'un mythe platonicien. Elle pourrait prendre place parmi ces récits où Platon donne un tour familier aux idées les plus hautes de sa philosophie. S'il est difficile d'en trouver une forme précise dans les écrits du platonisme, on ne peut méconnaître le caractère élevé et spiritualiste dont elle est empreinte. Sans doute le platonicien Apulée, en composant son conte, s'est souvenu des doctrines du philosophe grec. Imbu des idées platoniciennes qu'il avait étudiées avec ardeur à Athènes, écrivant à un moment où la fable de Psyché occupait dans les croyances une large place, et prenait le caractère d'un enseignement moral, il a pu tenir compte d'une allégorie inspirée par la philosophie de son maître. Il est curieux de retrouver en Attique, à Képhissia, la représentation de Psyché sculptée sur l'un des sarcophages qu'on croit être ceux de la famille d'Hérode Atticus (2). On serait tenté de supposer qu'Hérode, hôte et ami d'Apulée, avait gardé, de son commerce avec l'Africain, un goût très-vif pour les idées du mythe ; et que cette prédilection allait jusqu'à les adopter comme un dogme de philosophie pratique. Toutefois, si l'allégorie platonicienne a pu se présenter à l'esprit d'Apulée, il faut reconnaître qu'il l'a singulièrement perdue de vue. La forme a altéré le fond ; l'idée première a disparu, travestie par la fantaisie de l'écrivain, et du mythe il n'est resté qu'un conte tout mondain, sans portée philosophique.

Après Apulée, quand les mythes disparaissent pour faire place aux interprétations d'un scepticisme savant, la philosophie éthique conserve la trace d'idées bien voisines du mythe de Psyché. Dans une lettre de consolation à sa femme (3), Plutarque montre l'âme captive dans le corps, « comme un oiseau prisonnier, » et y perdant, par un long contact avec la matière, le souvenir des choses divines. Au quatrième siècle, les rhéteurs de l'Ecole d'Athè-

(1) *Axiochus*, 365, 366.
(2) Voir le n° 170 de notre catalogue.
(3) Lettre X. *Consolatio ad uxorem*, p. 611. F.

nes se font l'écho de ces croyances, devenues des lieux communs.
Un sophiste d'Athènes, le maître de saint Basile et de saint Gré-
goire de Nazianze, Himérius, montre l'âme ailée, jouissant des
vérités éternelles, puis, par sa faute, perdant ses ailes et tombant
dans un corps mortel. Elle vit dans l'ignorance; mais elle retrouve
parfois sa dignité première. Le souvenir des beautés entrevues la
ramène par intervalles à sa vie primitive, jusqu'au jour où elle
renaît pour jamais à une existence glorieuse (1). Faut-il voir dans
cette page un pur exercice de style, ou bien n'y trouvons-nous
pas un souvenir affaibli des grandes idées platoniciennes? Au
moment où les sophistes en font un sujet d'exercice littéraire,
elles sont en grande faveur auprès de la foule, sous la forme du
mythe de Psyché. C'est en effet aux troisième et quatrième siècles
qu'il faut rapporter le plus grand nombre des sarcophages, souvent
grossiers et négligés, où est figurée Psyché. Cette fable aurait eu
une période d'application pratique à une époque de transition,
alors que les esprits flottent indécis entre le paganisme déjà à
demi ruiné et le christianisme naissant.

Des rapprochements que nous avons tentés, il résulte que la
fable de Psyché a tous les caractères d'un mythe platonicien. Il
serait facile de multiplier les citations, si l'on pouvait par là restituer tous les traits du mythe. Mais de pareilles croyances n'ont
avec la philosophie dogmatique qu'un rapport lointain. On n'en
trouve pas la raison dans les doctrines d'une école; elles ne relèvent que du sentiment populaire; si elles participent de certains
systèmes, elles gardent, malgré des ressemblances manifestes, une
forme originale, et comme leur accent personnel. Les monuments
figurés nous ont montré la fable de Psyché dans les applications
diverses qu'elle subit, et qui lui prêtent tour à tour des caractères
très-variés et très-précis. Il reste à marquer la physionomie
même du mythe, telle qu'elle se dégage de cette étude.

(1) « Ἔχει δὲ ὧδε ψυχὴ θεία καὶ νεοτελής. Τῶν καλλίστων ἀεὶ καὶ μεγίστων ἐπιτη-
δευμάτων ὀρέγεται · ἅτε γὰρ ὀπαδὸς θεοῦ γενομένη καὶ πολλάκις ἐν τῇ περιφορᾷ τὸ
τῆς ἀληθείας πεδίον ἰδοῦσα καὶ τῶν ἐκεῖ θεαμάτων ἐμφορηθεῖσα τῆς θέας · ἐπειδὰν συν-
τυχίᾳ τινὶ χρησαμένη, περιρρυέντων αὐτῇ τῶν πτερῶν, τὸν τῇδε οἰκῆσαι τόπον σῶμα
περιθεμένη δέξηται, κἂν ἐπ' ὀλίγον εἰς τὴν ἐναντίαν τύχην πεσοῦσα, λήθης τῶν ἐκεῖ
θεαμάτων ἐμπλησθῇ, οὐ μέχρι παντὸς ἀπτερός τε μένει, καὶ ἐν ἀγνοίᾳ καταναλίσκει
τὸν βίον. Ἀλλ' ἐπειδὰν ἤδη τί τῶν τῇδε καλῶν, ἐγείρεται τε καὶ πρὸς ἐκεῖνα τῇ μνήμῃ
φέρεται, ἃ ποτ' εἶδεν, ὅτε μετὰ τῶν θεῶν περὶ τὸν οὐρανὸν αὐτὸν ἐστρέφετο. Κινη-
θεῖσα δὲ μετεωροπολεῖ τε, καὶ τὸν ἐκεῖ τόπον ζητεῖ, καὶ τὰ ὄντα περιεργάζεται »
(Himérius, *Oratio* XIV, 12, p. 74, éd. Didot).

L'idée première est toute grecque ; elle repose sur l'analyse délicate et passionnée de ce qu'il y a de plus mystérieux dans l'âme humaine. Race énergique, faite pour l'action, développant à l'extrême toutes leurs facultés, les Grecs avaient eu ‘de bonne heure le sentiment très-vif du contraste douloureux que présente l'homme ; un désir infini de perfection, et l'impuissance d'y atteindre ; une vague idée de chute, et l'orgueil de destinées plus élevées. La littérature grecque trahit souvent ce sentiment mélancolique, si contraire en apparence à l'esprit hellénique ; mais la race la plus ambitieuse et la plus hardie devait ressentir avec force combien sont étroites les limites imposées à l'essor de nos plus généreuses ambitions.

Ce sentiment douloureux se retrouve au fond du mythe. C'est la tristesse inséparable de l'amour ; elle accompagne les élans les plus passionnés de l'âme pour atteindre une plénitude de bonheur qui la sollicite sans cesse et toujours lui échappe, par une loi de notre nature limitée et imparfaite. Dans le *Phèdre* (1), Platon analyse avec un charme exquis le mélange d'ivresse joyeuse et de découragement que l'âme éprouve devant la forme achevée où elle retrouve l'essence même de la beauté ; il la montre émue, inquiète et ravie ; ses ailes renaissantes la travaillent ; elle est en proie à une vive douleur, « comme l'enfant dont les gencives sont agacées par les efforts que font les premières dents pour percer. » Cette douleur, qui prend sa source dans les ravissements les plus profonds que l'âme humaine puisse goûter, a toujours paru à l'esprit grec un signe mystérieux de déchéance. Contradiction constante entre la noblesse de nos désirs et l'infirmité de notre nature : toute la philosophie platonicienne est pleine de cette idée, qui trouve dans le mythe une force d'expression singulière. C'est Psyché, privée de ses ailes, séparée d'Eros, son compagnon divin, et condamnée à vivre dans le corps d'argile pétri par Prométhée, prison mortelle, devant laquelle l'âme déchue hésite, recule, semble demander grâce, et où elle apportera le souvenir d'une origine divine. Mais la philosophie consolatrice qui inspire le mythe ne peut se résigner à voir dans la chute de l'âme le dernier mot de sa destinée. Elle distingue, parmi les aspirations confuses de la nature humaine vers un état meilleur, la plus élevée, la plus pure, et la plus insaisissable ; c'est le sentiment passionné qui soulève l'âme, et la sollicite sans cesse vers une source inconnue de béatitude. Cette force intime et mystérieuse lui inspire des élans

(1) *Phèdre*, 251, A. B.

plus vifs, par la promesse d'un bonheur profond; mais de sévères
épreuves doivent en être le prix. Purifiée par la souffrance, l'âme
retrouvera la suprême harmonie ; elle goûtera, avec une entière
plénitude, la joie de se confondre dans une union éternelle avec
l'objet de ses plus ardents désirs.

Le fond même du mythe, c'est l'exaltation de l'amour. Un souffle de platonisme anime toute cette doctrine, une des plus élevées
et des plus consolantes qu'ait connues l'antiquité. Platon semble
en avoir donné comme la formule, lorsqu'il écrit : « Louons
l'amour !... il nous fournit les plus puissants motifs d'espérer que,
si nous rendons aux dieux le culte qui leur est dû, il nous réta-
blira après cette vie dans notre nature première , guérira nos in-
firmités, et nous donnera un bonheur sans mélange (1). »

Si le goût des Grecs a trouvé, pour exprimer de telles pensées ,
une forme empruntée à une des passions de l'âme , il faut voir
au delà du symbole, limité et incomplet. L'amour n'est ici que
l'expression la plus parfaite du sentiment religieux. Que l'imagination grecque se soit inspirée d'un sentiment purement humain,
il n'y a pas lieu de s'en étonner : la philosophie populaire qui a
créé le mythe ne pouvait parler à l'âme un langage plus intelligible, ni éveiller des émotions plus profondes et plus intimes. Mais
la pensée antique va plus loin ; par delà l'amour humain, elle
s'adresse à tout ce qui dans l'âme aspire à une vie nouvelle, où
tout est joie, lumière et harmonie ; elle met d'accord deux sentiments également impérieux , et pourtant contraires : la tristesse
religieuse, signe de déchéance, qui est au fond de nous, et l'espérance invincible qui en est la compagne.

De telles idées supposent un travail de réflexion déjà fort avancé.
Le mythe de Psyché n'est pas un mythe primitif , éclos au temps
où les sens de l'homme lui font percevoir dans les forces naturel-
les tout un monde de divinités. C'est un mythe moral, né dans
une période de réflexion. Il faut déjà une grande puissance d'analyse, et une extrême finesse d'aperception pour démêler les désirs
confus et les aspirations vagues qu'il symbolise. Ces délicatesses
n'appartiennent pas aux âges primitifs , où les ambitions morales
ne sont pas encore éveillées , et où l'énergie de l'action violente
étouffe dans l'âme le sentiment d'impuissance qu'elle trouve en
se repliant sur elle-même. Le mythe de Psyché ne pouvait naître
qu'au sein d'une société déjà mûre, assez éprouvée pour ressentir
cette sorte de fatigue douloureuse que trahit la pensée du mythe,

(1) *Banquet*, p. 193 et suiv., éd. Bekker.

assez jeune encore, et assez riche d'imagination pour qu'une allégorie poétique pût s'y développer librement, comme une forme spontanée de l'esprit. Par là, il se distingue nettement des fables primitives, aussi bien que des allégories froides et raisonnées par lesquelles l'hellénisme vieilli s'applique à remplacer les anciennes croyances. Il apparaît comme une expression très-particulière et originale du génie grec. Si la part de la réflexion y est grande, on ne surprend aucune trace d'effort dans cette conception qui paraît née naturellement, par un jeu facile de l'imagination. Quelque tristesse qu'il y ait au fond de la pensée du mythe, il semble qu'elle pèse peu sur l'esprit grec, et que l'hellénisme répugne à traduire autrement que par un symbole empreint d'une grâce élevée les idées les plus douloureuses. C'est le même sentiment qui inspire les représentations funéraires de l'Attique ; et l'on ne peut s'empêcher de songer aux peintures de vases et aux marbres où l'idée de la mort n'apparaît qu'avec discrétion, tempérée et ennoblie par la distinction calme de la forme plastique. Il serait intéressant de pouvoir déterminer avec exactitude quelle place le mythe de Psyché a occupée dans les croyances morales de la Grèce et quel degré d'action il a pu exercer sur la conscience religieuse des Grecs ; mais les témoignages certains font défaut. Il est permis de croire qu'il doit être rangé parmi ces croyances populaires auxquelles Platon fait allusion, et qu'il recommande comme « le meilleur radeau pour traverser la vie (1). » Il a pu être un des dogmes de cette philosophie courante, moins savante que celle de l'Ecole, mais plus répandue, qui donne une juste idée de l'élévation ou de l'abaissement des idées morales chez un peuple.

Ce que l'on peut affirmer, grâce au témoignage des monuments figurés, c'est que le mythe revêt des caractères très-différents en Grèce et en Italie. C'est à Rome qu'il trouve une application pratique. La dévotion populaire emprunte aux principales idées du mythe des symboles funèbres, où on lit clairement la croyance à une vie future et l'espérance d'une destinée meilleure. Il n'en est pas de même dans le monde grec. Psyché ne figure sur aucun monument funéraire de pur style hellénique. Si elle apparaît sur les sarcophages gréco-romains de Saïda, les inscriptions qui l'accompagnent se bornent à répéter la brève formule de l'adieu,

(1) « Δεῖν γὰρ περὶ αὐτὰ ἕν γέ τι τούτων διαπράξασθαι, ἢ μαθεῖν ὅπη ἔχει, ἢ εὑρεῖν, ἢ, εἰ ταῦτ' ἀδύνατον, τὸν γοῦν βέλτιστον τῶν ἀνθρωπίνων λόγων λαβόντα καὶ δυσεξελεγκτότατον, ἐπὶ τούτου ὀχούμενον, ὥσπερ ἐπὶ σχεδίας, κινδυνεύοντα διαπλεῦσαι τὸν βίον... » (Phédon, XXXV, 85).

« Χρηστὲ καὶ ἄλυπε (1), » sans que les croyances du mythe y laissent des traces appréciables.

Ces différences tiennent à des causes très-complexes. Il semble qu'on doive surtout en trouver la raison dans la forme de l'esprit religieux des Grecs. Les Hellènes paraissent peu préoccupés d'affirmer sur les monuments funéraires une croyance bien précise à la vie future. On sait les difficultés que soulève l'étude des marbres et des vases peints dont le caractère funéraire est le plus incontestable. L'idée de la mort ne s'y fait jour qu'avec une extrême discrétion. Telle stèle athénienne qui représente une femme se parant de ses bijoux, et recevant un écrin des mains de sa suivante, telle autre où les parents et les amis du mort lui disent le dernier adieu, ont pu donner lieu à des interprétations très-diverses et contradictoires (2). La forme exquise, calme et souvent souriante, atténue ce que l'idée a de grave ; on a pu douter que la pensée d'une autre vie fût venue troubler les esprits, et leur imposer la méditation des grands problèmes religieux. Il est du moins certain que les croyances relatives à la vie future tiennent peu de place dans la religion grecque. Si l'activité intellectuelle des Grecs s'est exercée sur ces graves questions, on est tenté de croire que la raison les y poussait, plus que le sentiment. Le mythe de Psyché, qui se présente à nous comme la solution du plus important des problèmes, garde en Grèce le caractère d'une allégorie réfléchie et poétique. Il est douteux que la conscience religieuse des Hellènes y ait puisé des motifs de croire et d'espérer.

A Rome, il en est tout autrement ; le témoignage des monuments figurés est formel sur ce point. Aux deuxième et troisième siècles de l'ère chrétienne, le mythe de Psyché occupe une large place dans les croyances populaires ; il a ses dévots qui y trouvent un dogme consolant et une pure doctrine. Les idées du mythe jouissent d'une faveur singulière ; il est peu de sujets plus fréquemment représentés sur les sarcophages que le groupe d'Eros et Psyché unis dans un embrassement divin. Sans doute le mythe de Psyché donnait lieu à des interprétations très-variées. Chacun l'accommodait aux exigences de sa conscience et aux besoins de son sens religieux ; c'était pour quelques-uns un véritable dogme, un article de foi ; pour d'autres une allégorie qui prêtait à la tendresse des survivants un symbole touchant ; pour d'autres enfin,

----

(1) *Corpus inscr. Grœc.*, n° 6934. — Cf. Renan, *Mission de Phénicie*, p. 381.

(2) Voyez le mémoire de M. Ravaisson sur *le vase de Myrrhine et les bas-reliefs funéraires des Grecs en général*. Paris, 1876.

une sorte de formule mythologique, au même titre que les autres mythes païens. Il est impossible de déterminer exactement ces nuances du sentiment religieux. Toutefois, un examen attentif des monuments nous fournit de curieux indices sur le degré de popularité auquel le mythe a pu atteindre. On est frappé de voir la représentation de Psyché figurer le plus souvent sur des sarcophages d'une exécution peu soignée, évidemment destinés aux pauvres gens. Ces lourdes sculptures n'ont qu'une faible valeur pour l'historien de l'art; mais elles offrent un intérêt très-vif pour l'histoire des idées morales. La raideur même de l'attitude consacrée, le souci scrupuleux d'exactitude que trahissent les figures, jusqu'à l'effort naïf du sculpteur inhabile pour donner au visage des deux amants une expression de béatitude, tout cela témoigne clairement que la fantaisie et la mode n'ont aucune part dans le choix du sujet. La tradition du mythe est déjà forte; elle a créé une sorte de type religieux, qui s'impose aux artistes. Le libre caprice où se plaisaient les graveurs en pierres fines et les sculpteurs grecs a fait place à une sorte de convention hiératique, fidèlement respectée par les artisans qui décorent les sarcophages.

Ces monuments si grossiers ont pourtant leur prix. Ils disent assez avec quelle force les idées du mythe ont pénétré dans les classes moins favorisées, et comment une doctrine consolante a pu leur apporter les espérances qu'elles demandaient en vain à la vieille religion nationale. Plus qu'un autre, le mythe de Psyché se prêtait à un genre de dévotion tout populaire. Les esprits les moins cultivés y trouvaient, sous une forme qui parlait à leur imagination, une philosophie dont le commentaire était tout de sentiment. Cette allégorie à la fois gracieuse et élevée leur plaisait par sa forme un peu vague; elle flattait en même temps, suivant la foi éclairée ou naïve de chacun, les plus nobles espérances, ou un obscur instinct d'immortalité. Un tel enseignement moral était bien fait pour nourrir dans l'âme d'une foule ignorée tout un ordre de sentiments qui, chez les chrétiens, trouvait dans la doctrine évangélique une pleine satisfaction. Les classes les plus humbles, celles-là mêmes où le christianisme naissant formait de nombreux adeptes, ne devaient-elles pas se sentir entraînées vers cette doctrine séduisante entre toutes, pleine de promesses, et dont le dernier mot est l'amour?

On peut à coup sûr attribuer au mythe de Psyché un rôle important parmi les croyances qui, aux deuxième et troisième siècles, se partageaient les esprits. Il apparaît très-nettement comme un des dogmes qui se substituent aux anciennes formes du paganisme et rajeunissent la religion officielle, frappée de sécheresse et de stérilité. La religion romaine, avec ses rites monotones, son formalisme étroit, ne suffit plus à donner aux âmes l'aliment qu'elles cherchent. Durant cette période de transition, les esprits se tournent de tous côtés vers des croyances nouvelles venues de Grèce ou d'Asie. Les classes populaires embrassent avec ardeur des doctrines propres à apaiser l'inquiétude et à satisfaire le besoin de foi religieuse qui tourmentent le monde romain. Tandis que la Grèce, moins troublée, assistant à un travail paisible de fusion entre les mythes anciens et une philosophie plus raisonnable, trouvait le calme dans les souvenirs toujours vivants de ses légendes, l'esprit romain aspirait à des doctrines plus précises; il demandait aux croyances les plus diverses des émotions religieuses et parfois une direction morale. Si les uns s'adressaient aux rites bouffons ou sanguinaires de l'Orient, les autres se rattachaient aux idées nouvelles qui se faisaient jour sous le couvert des mythes païens. L'indécision même des croyances antiques servait cette sorte de rénovation du paganisme. Le mythe de Psyché, les mystères de Bacchus apportaient des idées d'immortalité étrangères à l'ancienne religion ; le besoin de croire donnait à ces symboles un accent et une portée qui équivalaient à une véritable renaissance. On ne doit point s'étonner de voir parfois mêlées et confondues les croyances du mythe et celles des mystères dionysiaques. Les monuments figurés montrent souvent Psyché associée aux scènes joyeuses qui traduisent pour les croyants des mystères les promesses de rénovation et de vie future. Aux yeux de la foule, les nuances délicates de la morale du mythe pouvaient bien se confondre avec les doctrines plus grossières et plus sensuelles du culte de Bacchus; mais cette confusion même est pour nous un enseignement précieux ; elle témoigne que le mythe de Psyché doit prendre place auprès d'une des croyances qui furent les plus chères aux derniers jours du paganisme.

Un des caractères les plus originaux du mythe de Psyché, c'est qu'il a pu fournir au christianisme des symboles destinés à déguiser aux yeux des païens les dogmes de la foi nouvelle. Il n'y a pas d'exemple qui fasse mieux comprendre combien la limite est mal définie à l'origine entre le christianisme et le paganisme. De curieuses inscriptions offrent des formules qui semblent dictées par un sentiment presque chrétien (1). On connaît

---

(1) Voir l'inscription de Doxato, publiée par M. Heuzey, *Mission de Macédoine*, p. 128.

la chambre sépulcrale d'un prêtre de Bacchus Sabazius, qu'on a pu prendre pour un tombeau chrétien (1). Le mythe grec de Psyché a eu cette singulière fortune de prêter au christianisme ses gracieux emblèmes. Cet emprunt n'est pas l'effet d'un simple hasard; il n'a pas été fait sans discernement. Le goût sévère des premiers chrétiens a su distinguer parmi les mythes païens celui qui se rapprochait le plus de la doctrine évangélique, et pouvait couvrir de ses symboles les mystères de la religion naissante. Le choix des fidèles pouvait-il être plus heureux? La doctrine chrétienne dit que la chair est une prison et que mourir est la délivrance; mais le mythe ne montre-t-il pas aussi l'âme captive et aspirant à la vie divine? S'il fallait une preuve nouvelle de la haute portée morale des idées que nous avons essayé de retracer, on la trouverait à coup sûr dans cette sorte de consécration qu'elles reçoivent du christianisme.

La doctrine de l'amour de Dieu ne pouvait être sévère pour une philosophie dont le fond est l'amour épuré, immatériel, presque divin, et qui, expliquant par une déchéance passagère les contradictions de notre nature, fait entrevoir à l'homme, dans la vie future, le triomphe de ses plus chères espérances. Par une coïncidence singulière, un poëte chrétien a retrouvé, grâce à une intuition secrète, une des formes allégoriques du mythe. Pour Dante, comme pour les Grecs aux jours florissants de l'hellénisme, l'âme ailée est le papillon divin enfermé dans une enveloppe mortelle jusqu'à l'heure de la délivrance :

> « Non v'accorgete voi che noi siam vermi,
> » Nati a formar l'angelica farfalla (2)? »

(1) Voir, *ibid.*, p. 26, note 2.
(2) *Purgatoire*, l. X.

INDEX BIBLIOGRAPHIQUE [1]

Manso : *Versuche über einige Gegenstænde aus der Mythologie der Griechen und Rœmer*. II : *Ueber den Amor*. Leipzig, 1794.

—

Thorlacius : *Fabula de Psyche et Cupidine :* Copenhague, 1801, opp. I, p. 313.

—

Hirt : *Ueber die Fabel von Amor und Psyche nach Denkmælern.* (*Abhandlungen der Akademie der Wissenschaften in Berlin*), 1812-1813.

—

Lange : *Ueber den Mythus von Amor und Psyche* (*Vermischte Schriften*, p. 131 et suiv.).

—

Baumgarten-Crusius : *De Psyche fabulâ platonicâ*. Meissen, 1835.

—

Bœttiger : *Die Fabel von Amor und Psyche* (*Ideen zur Kunstmythologie*, II, p. 361).

—

Otto Iahn : *Eros und Psyche* (*Archæologische Beitræge*, p. 121. Berlin, 1847).

—

Conze : *De Psyches imaginibus quibusdam*. Berlin, 1855.

—

Friedlænder : *Dissertatio quâ fabula Apulejana de Psyche et Cupidine cum fabulis cognatis comparatur* (Séance du 18 janvier 1860 de l'Académie Albertine, à Kœnigsberg).

---

(1) La liste ci-jointe ne mentionne que les dissertations de quelque étendue. La fable de Psyché a souvent fait l'objet de commentaires dans des ouvrages cités au cours de ce travail, et qui ne figurent pas ici. Voyez en particulier Guigniaut, *Les religions de l'antiquité*, t. III. 1re partie (pages 398-407). Je dois citer également une dissertation de M. L. Ménard, *Eros, étude sur la symbolique du désir* (*Gazette des Beaux-Arts*, 1870. Cf. *Comptes rendus de l'Académie des inscriptions et belles-lettres*, 13 avril 1870). Je n'ai pu prendre connaissance d'une récente publication de M. Paul Primer, *De Cupidine et Psyche. Vratislaviæ*, 69 pages in-8°.

CATALOGUE MÉTHODIQUE

DES

MONUMENTS FIGURÉS

QUI REPRÉSENTENT LE MYTHE DE PSYCHÉ

SECTION PREMIÈRE.

MONUMENTS ÉTABLISSANT LES DATES EXTRÊMES DES REPRÉSENTA-TIONS DE PSYCHÉ.

Nº 1. *Miroir étrusque. Musée de Pérouse.*

Sur un couvercle de miroir en bronze, orné de reliefs, Eros et Psyché sont figurés se tenant embrassés. Eros a des ailes d'oiseau, et Psyché des ailes de papillon. Eros d'une main tient une torche sur un autel. — A droite, on voit une colonne sur laquelle est posée une colombe. Le diamètre est de 0,08 à 0,09 centimètres.

> Il a été publié par Giacomo Antonini, *Antico specchio metallico ornato dalle nozze di Amore e Psiche.* Perugia, 1827.
> Cf. Gerhard, *Etruskische Spiegel*, XX, 10.
> Conestabile, *Monumenti di Perugia*, t. IV, p. 477, planche XCVIII, 2.
> Ce monument paraît être du Vᵉ siècle de Rome.

Nº 2. — *Miroir étrusque, trouvé à Palestrina, acheté à Rome en 1860 par M. Brunn.*

Eros avec une autre figure ailée.

Eros est vêtu d'une chlamyde. La figure de droite, ailée, est celle d'une femme. Gerbard voit dans ce groupe la représentation d'Eros et Psyché. Friederichs conteste cette attribution.

Friederichs, *Berlins Antike Bildwerke. Die Etruscischen Spiegel*, n° 57.
Gerhard, *Etruskische Spiegel*, IV, 331, 2.

N° 3.　　　　　　　*Peinture murale. Pompéi.*

Psyché assise, les mains liées derrière le dos, est tenue par un Eros. Un autre Eros, portant des ailes de papillon, la brûle à la flamme de deux torches. Un troisième, volant au-dessus de Psyché, semble répandre sur elle le contenu d'un vase.

A gauche de ce groupe, une femme debout et drapée se couvre le visage de son péplos, comme pour se dérober à la vue de cette scène pénible. A droite, une autre figure vêtue, appuyée contre une colonne, se cache le visage derrière un éventail en feuilles de palmier.

Avellino, *Raguaglio de' lavori della R. Accad. Ercol.* 1838, p. 6.
Zahn, *Ornaments und Gemælde*, II, Taf. 62, n° 2.
Archäolog. Intelligenz Blatt. 1835, p. 73, folg.
Otto Iahn, *Archäologische Beiträge*, p. 181, folg.
Cf. *Berichte der kœnigl. Sächs. Gesamm. der Wissenschaften.* Phil. Hist. Cl. 1851, p. 161.
Wieseler, *Alte Denkmäler*, t. II, pl. LIV, n° 691.

N° 4.　　　　　*Peinture murale. Pompéi. Cæsareum.*

Des génies des deux sexes, assis de chaque côté d'une longue table, paraissent occupés à tisser des guirlandes de fleurs. A droite, une figure de femme ailée travaille debout.

A gauche, Psyché, portant les attributs habituels, paraît donner des fleurs à un génie qui lui apporte une guirlande terminée. Elle semble présider aux travaux.

Gerhard, *Antike Bildwerke.* Taf. LXII, 2. Cf. p. 306 du texte.
R. *Museo Borbonico*, t. IV, p. 47.

N° 5.　　　　*Peinture de Pompéi. Musée de Naples.*

Génies et Psychés.

Psyché est à deux reprises associée à un génie ailé :

1° Psyché, sous les traits d'une petite fille, les cheveux courts, et portant des ailes de papillon, tient de la main gauche un rameau ; de l'autre, le doigt levé, elle paraît commander à un génie ailé, vêtu de la chlamyde, qui tient à la main un vase ;

2° Psyché a des ailes de papillon. Elle est vêtue d'une tunique longue, serrée par une ceinture. Elle est figurée en petite fille. La main droite tient des guirlandes de fleurs ; la gauche, une corbeille pleine de fleurs et de fruits, que va recevoir un génie ailé, les deux bras étendus.

> *Chefs-d'œuvre de l'Art antique*, par Fr. Lenormant. 2° série, t. I, pl. LXIV.

N° 6.   *Peinture murale de Pompéi.*

Psyché, vêtue d'une tunique et d'un péplos, semble s'élever dans l'air; elle porte une couronne; de la main droite élevée elle tient une guirlande de fleurs, de l'autre elle soutient une corbeille pleine de fleurs. Elle a des ailes de papillon.

Cette peinture est entourée d'un encadrement figurant une niche, avec un chambranle, et une corniche surmontée d'ornements qui simulent des dauphins; il repose sur un socle. De chaque côté sont figurées des lances inclinées, ornées de bandelettes, avec des feuillages formant rinceaux.

> *Chefs-d'œuvre de l'Art antique*, publiés par F. Lenormant. 2° série, t. I, pl. LXIII.

N° 7.   *Peinture de Pompéi.*

Les génies meuniers.

Le fond du tableau est occupé par un moulin. Au premier plan, des génies ailés prennent leur repas, assis, ou étendus à terre auprès de leurs mulets couronnés de fleurs. Au milieu d'eux, une table ronde, sans pied, porte des verres.

A droite du groupe principal, un génie ailé, vêtu de la chlamyde, montre la scène à une jeune fille, qui offre tous les traits du type de Psyché. Elle est vêtue d'une tunique et d'un péplos ; mais ses ailes ne sont pas celles du papillon ; elles ressemblent plutôt aux ailes que porte d'habitude la *Victoire*. Gerhard reconnaît Psyché dans cette figure.

> Gerhard, *Antike Bildwerke*. Taf. LXII, 3.
> *Chefs-d'œuvre de l'Art antique*. Lenormant, vol. III, 2° série, pl. XIX.

N° 8.   *Peinture murale. Pompéi.*

Eros et Psyché à table et jouant; d'autres Eros font le vin nouveau. A gauche, une petite figure ailée apporte une bouteille à large panse. Psyché est assise devant une table où sont des bouteilles, des vases et une lampe ; un Eros debout près d'elle est occupé à lui lier les mains. En face d'elle, assis à la table, un autre Eros ; dans le fond, une rangée de pots sur une tablette.

A droite, un Eros debout pile le raisin ; on aperçoit la partie supérieure du moulin (*torcular*) ; un autre tient par les deux anses un vase,
(style *amphoreus*), et porte le moût dans un petit *vas defrutarium*. Un
quatrième foule le raisin avec une *spatha*.

> Trendelenburg, *Eroten Fries aus Pompeij. Archäologische Zeitung. Neue
> Folge*. 1873. Taf. III, 2, 6.

N° 9.   *Peintures murales. Caserte.*

Psyché.

En 1853, Mme Mertens Schaaffhausen a communiqué à l'Institut de Correspondance archéologique le plan d'un édifice découvert à Caserte, dans
la partie qui avoisine San-Vito.

On avait découvert une série de quatre chambres : Les parois de la
première étaient divisées en compartiments, occupés par des figures
décoratives. C'étaient des danseuses, une Psyché, Pégase, et un Centaure.

Des sceaux trouvés dans la maison portaient le nom de Faustine, et
permettaient d'attribuer les peintures au temps des Antonins. Les fouilles
ont été abandonnées.

> *Bullettino dell' Instituto di Corrispondenza archeologica*. 1853, p. 149.

N° 10.   *Monnaie impériale de Nicomédie.*

Psyché suppliant Eros.

Cette médaille porte d'un côté la tête de Maximus César, fils de Maximin. Au revers, Psyché ailée est agenouillée aux pieds d'Eros, également ailé. Eros pose une main sur la tête de Psyché, et de la droite
levée fait un geste comme pour lui indiquer le ciel. Il semble prêt à
s'envoler. Ce même côté de la médaille porte l'inscription suivante :

ΝΙΚΟΜΗΔΕΩΝ ΔΙΣ ΝΕΩΚΟΡΩΝ.

La médaille a été frappée vers 236 ap. J.-C.

> Mionnet, *Description des médailles antiques*, pl. I, n° 3, p. 213, n° 1261.
> Otto Iahn, *Archäologische Beiträge*, 5, 177.
> Wieseler, *Denkmäler der alten Kunst*, t. I, pl. LXXII, n° 404.
> Panofka, *Von dem Einfluss der Gottheiten auf die Ortsnamen*. Berlin,
> 1842, II, Taf. 2, 27.

SECTION II.

No 11. — *Fragment d'un groupe de marbre du musée de Latran. Il a d'abord été dans l'atelier de Canova, puis au magasin du Vatican, où Visconti l'a vu, enfin au musée de Latran.*

Psyché foulée aux pieds par un génie.

Figure ailée couchée sur la base. — Les ailes de papillons sont repliées les unes sur les autres. Elle est vêtue d'un *chitón* à ceinture qui enveloppe la partie inférieure du corps.

Sur le torse est posée la partie inférieure de la jambe gauche d'une figure de proportions beaucoup plus grandes, qui n'a pas été conservée.

Au tronc d'arbre de soutien adhère un fragment de flambeau renversé.

Publié par Raoul Rochette, *Mon. inéd.*, pl. XLII, n° 1, p. 226.

Gerhard, *Antike Bildwerke*, pl. LXXVII. n° 3, texte, p. 317.

Müller-Wieseler, *Denkmäler a. K.*, II, 686, pl. LIV.

Garrucci, *Mus. Later.*, XLV, 2, p. 84.

Benndorf et Schœne, *Die antike Bildwerke des Lateranensischen Museums*, n° 401.

Cf. Panofka, *Annali dell' Instituto*, 1830, p. 138.—Brunn, *Kunst. Blatt.*, 1844, p. 318. — Müller, *Handbuch*, § 3, 97, 3. — Otto Iahn, *Archäologische Beiträge*, p. 318.

No 12. — *Fragment d'un groupe de marbre. Musée de Toulouse.*

Figure agenouillée, demi-nue ; la main gauche, qui manque, devait reposer sur le sein. La tête manque. A droite de la statue on voit un pied. La statue à laquelle appartenait ce pied devait être de proportions plus grandes que la figure agenouillée. Cf. le numéro précédent.

Publié par Clarac, *Musée de sculpture*, n° 1504, pl. 654.

N° 13. — *Groupe de marbre. Musée du Louvre (marbre grec). Il provient de la villa Borghèse.*

Psyché suppliant Eros.

Psyché agenouillée. Ailes de papillon. Tunique et péplos serré à la taille.

Eros est de proportions plus grandes.

La tête d'Eros est antique et rapportée. Sont modernes : dans la figure d'Eros, le bras, les ailes et le genou gauche; dans la figure de Psyché, le bras et la main gauche, le poignet et une partie du bras droit.

> Publié par Clarac, *Musée de sculpture*, 1499, pl. 266.
> Bouillon, *Statues*, III, pl. IX.

N° 14. — *Fragment de statue. Marbre grec. Museo Borbonico. Trouvé dans l'amphithéâtre de Capoue.*

Figure de femme à demi-drapée, la tête inclinée en avant. Les trous qu'on remarque sur les épaules indiquent qu'elle avait des ailes. On observe un tenon antique à l'intérieur du bras droit, et les traces d'un bracelet sur l'avant-bras.

Il manque : la partie supérieure de la tête, les bras, une partie du tronc et toute la partie inférieure du corps.

Travail très-soigné. Belle œuvre grecque.

> Publié par Clarac, *Mus. de sculpt.*, 1493, pl. 649.
> Cf. Wolff, *Bullett. dell' Inst. arch.*, 1833, p. 132 et suiv.—Stark, *Leipziger Berichte*, 1860, p. 90. — Kékulé, *Annali dell' Instit.*, 1864, p. 144 et s. — Ettore de Ruggiero, *Conferenze archeologiche tenute nel Museo nazionale di Napoli. Prima serie*, III. *Torso della Psiche.* Roma, Regia tipografia, 1873.

N° 15. — *Statue de marbre. Musée du Capitole. Marbre de Luni. Provient de la villa d'Este à Tivoli. Donnée au musée du Capitole par Benoît XIV (1753).*

Psyché (?) dans une attitude suppliante.

Figure de femme, le corps incliné en avant et fléchissant le genou droit. La tête est d'une des Niobides.

L'aile gauche et l'aile droite ont été rapportées, mais l'amorce est antique. Le marbre est en deux morceaux et la cassure passe au-dessus du nombril,

Parties modernes : Le nez, la bouche, la main et le sein droit, les ailes moins l'amorce.

> *Museo Capitolino*, Nibby, *Stanza dell' Ercole*, pl. XI.
> Clarac, pl. 654, n° 1500ᵃ.
> Wieseler, LIV, 687.
> Otto Iahn, *Arch. Beitr.*, 5, 178.
> Bouillon, *Musée des antiques*, t. III, pl. II, n° 4.
> Bœttiger, *Sabina*, II, p. 198.

N° 16.   *Réplique de la Psyché du Capitole.*

Au musée Torlonia de la Lungara, à Rome, on voit une réplique de la Psyché agenouillée du Capitole. Elle est cataloguée sous le numéro 172; ce marbre a été trouvé à Roma Vecchia.

N° 17.   *Statue de marbre. Musée de Florence.*

Psyché (?) suppliante.

Figure de femme, le corps incliné en avant. Tunique à ceinture et draperie. Les épaules portent la trace d'ailes. Les bras sont modernes.

> Clarac, pl. 584, n° 1264.
> Bouillon, *Statues*, III, pl. X.

N° 18. — *Statue de marbre. Musée du Louvre. Provient de la villa Borghèse. Marbre de Carrare.*

Psyché (?) agenouillée.

Réplique de la statue de Florence. On y trouve en plus les ailes de papillon. La tête est antique, mais rapportée.

Parties modernes : le bras droit, la moitié de l'avant-bras, la main et le pied gauches, la moitié de la jambe droite et le pied droit.

> Clarac, p. 331, n° 1500.
> Guigniaut, *Les religions de l'antiquité*, CIV, 406ᵃ.
> Bouillon, *Musée des antiques*, III, pl. X, n° 5.
> Wieseler, II, LIV, 688.

N° 19.   *Statue de marbre. Musée royal de Berlin.*

Psyché (?) agenouillée.

Figure de femme à genoux, vêtue d'une tunique à petits plis; ceinture; une draperie couvre la partie inférieure du corps.

> Clarac, pl. 650 B, n° 1500 B.

N° 20. — *Groupe de marbre. Musée du Capitole. Marbre de Luni. Trouvé sur l'Aventin et placé en 1749 au musée du Capitole par Benoît XIV.*

Eros et Psyché se tenant embrassés.

Eros est à droite. Psyché est drapée à mi-corps.

Parties modernes : les deux mains et une partie du pied gauche d'Eros ; le nez et la main droite de Psyché. La tête d'Eros a subi des réparations.

> Nibby, *Museo Capitolino, Stanza dell' Ercole*, pl. XV.
> Clarac, pl. 653, n° 1501.
> Bouillon, I, 32.
> Wieseler, t. II, n° 681.

N° 21. — *Groupe de marbre. Musée de Florence. Trouvé sous Clément X (1670-1676) au Cœlius, dans le jardin de Fr. Movelli. Acheté par le cardinal de Médicis.*

Même sujet.

A gauche, Psyché drapée à mi-corps tient Eros étroitement enlacé. — Eros approche de sa tête celle de Psyché. — C'est une réplique du groupe Capitolin.

Parties modernes : Dans la figure d'Eros toute la jambe droite, une partie de la jambe gauche et les deux ailes.

Dans la figure de Psyché : la partie inférieure du corps, depuis la moitié des jambes, et la moitié des ailes.

> Gori, *Musée de Florence*, statues, pl. XLIII et XLIV.
> De Joubert et Vicar, *Galerie de Florence*, t. I.
> Clarac, pl. 652, n° 1496.

N° 22. — *Groupe de marbre. Musée de Dresde. Provenant de la collection Chigi.*

Même sujet.

Groupe mutilé. Eros tient Psyché étroitement enlacée. — Psyché a les jambes croisées, dans l'attitude qu'on lui retrouve sur presque tous les sarcophages. Elle est drapée à mi-corps.

Parties modernes. Les têtes, les ailes, les jambes des deux figures, le bras gauche de Psyché et le carquois d'Eros.

Ce qui est antique est d'une bonne sculpture. Réplique du groupe Capitolin.

Leplat, *Recueil des marbres antiques de la galerie du roi de Pologne*, à Dresde, pl. 132.
Becker, *Augusteum*, pl. 64.
Clarac, pl. 652, n° 1498.

N° 23. — *Groupe de marbre. Musée de Dresde. Provenant de la collection Chigi.*

Même sujet.

Réplique du groupe Capitolin avec des variantes. Les figures n'ont pas d'ailes; Eros est couronné de roses; Psyché porte un diadème et des bracelets au bras gauche.

Travail médiocre et des bas temps. C'est sans doute la copie d'un original perdu.

Leplat, pl. 3.
Becker, *Augusteum*, pl. 65.
Clarac, pl. 652, n° 1497.

N° 24. — *Groupe de marbre. Ancienne collection Hope. Londres.*

Marbre de Paros. Eros et Psyché se tenant embrassés. Réplique du groupe Capitolin.

Parties modernes. Psyché, presque tout entière, à partir du bracelet qu'elle porte au bras gauche. La tête d'Eros a été séparée, puis replacée.

Clarac, pl. 653, n° 1501 B.

N° 25. — *Groupe de marbre. Collection Lansdowne. Londres.*

Eros et Psyché

Eros tient de la main gauche Psyché rapprochée de lui. Psyché est vêtue d'une longue tunique qui laisse à découvert l'épaule droite, et d'une draperie qui passe sous le bras droit et enveloppe l'épaule et le bras gauches. Ailes de papillon.

Parties modernes. Dans la figure d'Eros : le haut de la tête au-dessus des yeux, le bras gauche, les jambes à partir des genoux et les ailes.

Dans la figure de Psyché : le cou et les bras.

Dans la restauration on a placé un papillon dans la main gauche de Psyché, une torche renversée dans sa main droite.

Clarac, pl. 653, n° 1501 A.

Nº 26.   *Bronze. Collection Oppermann , Paris.*

Psyché. ˙

Psyché a le bras gauche levé, le bras droit plié et la main en avant.
— Les cheveux sont relevés en bandeaux et réunis sur le sommet de la
tête. La jambe droite est croisée sur la gauche.

Elle est vêtue d'une longue robe et d'un péplos serré par une ceinture, dégageant l'épaule droite. Ailes de papillon.

Cette statuette offre le type de Psyché tel qu'on le retrouve sur les
sarcophages gréco-romains.

Bronze Alexandrin.

> Frœhner, *Les musées de France, recueil de monuments antiques des col-
> lections publiques et privées*, nº 34.

Nº 27.   *Groupe de marbre. Musée de Dresde.*

Vénus groupée avec Eros et Psyché.

Vénus est assise. Psyché affaissée à ses pieds, tend les bras vers elle ;
Eros ailé la soutient. Vénus tient de la main gauche un fruit qu'elle semble éloigner de Psyché.

ˋ J'ignore les restaurations qu'a pu subir ce groupe. — Il est difficile
d'y reconnaître une scène du mythe de Psyché.

> Becker, *Augusteum*, II, 62.
> Hirt, *Ueber die Fabel des Amor und Psyche nach Denkmälern*. — *Mé-
> moires de l'Acad. des sciences de Berlin*, 1812, 1813, 5, 7, 10, z, n, 12.
> Cf. Wieseler, LIV, 684. — Bœttiger, *Kunstmythologie*, II, pl. 426. —
> O. Iahn (*Arch. Beiträge*, pl. 188) y voit une scène de famille.

Nº 28. — *Statue en marbre pentélique. Indiquée par Clarac comme
étant au Vatican.*

Petite fille restaurée en Psyché. Statue de petite fille trouvée à la
villa Hadriana près de Tivoli. Il manquait alors la tête, les avant-bras et
la jambe droite.

Elle a été restaurée par Pacetti qui lui a mis à la main gauche un papillon. La tête est d'une autre statue.

> Clarac, pl. 648, nº 1482.

N° 29. — *Groupe de marbre grec trouvé à Argos. Se trouve à Athènes.*
Collection Kyparissis.

Hauteur : 0,39 c. avec la base. — Un large fragment manque par derrière.

Eros et Psyché se tiennent embrassés. Ils ont, l'un des ailes d'oiseau, l'autre des ailes de papillon. Psyché est drapée à mi-corps. La coiffure d'Eros est formée de boucles séparées par une tresse.

Travail gréco-romain.

> Max. Collignon, *Revue archéologique*, 1875. *Sur un groupe d'Eros et Psyché trouvé en Grèce*, pl. XXII.

N° 30. *Terre cuite italienne trouvée à Centuripæ.*

Buste de Psyché dans les bras d'Eros (Peut-être faut-il reconnaître ici Laodamie et Protésilas).

De Witte, cabinet Durand, n° 1643.

N° 30 bis. — *Terre cuite de Tanagra, à Athènes, dans la collection de M. Lambros.*

Eros et Psyché (?).

Eros ailé, debout, coiffé d'une couronne en forme de bourrelet, et vêtu d'un manteau court qui laisse à nu la moitié droite du corps, tient de la main gauche un lièvre, et de la droite le montre à une jeune fille debout à sa gauche, et appuyée sur son épaule. Elle est vêtue d'une tunique et n'a pas d'ailes. Style ordinaire.

Hauteur : environ 0,10 c.

N° 30 ter. — *Terre cuite d'Ephèse. Collection Lambros, à Athènes.*

Eros et Psyché.

Eros et Psyché sont debout l'un près de l'autre, et se présentent de face. Tous deux sont ailés ; mais l'artiste n'a figuré qu'une aile de chaque côté ; les deux autres se confondent. Psyché a le bras droit passé derrière Eros, qui enlace également de son bras gauche le buste de Psyché. Sa main droite est posée sur le sein de la jeune fille. Psyché, de la main gauche, retient sa draperie qui, nouée par devant, semble être retenue par les hanches. C'est l'agencement de draperie que l'on retrouve le plus habituellement pour les représentations de Psyché.

Le groupe était doré et conserve quelques traces de dorure :
Hauteur : environ 0,06 c.

> La description de ces deux monuments, qui faisaient partie de la collection Lambros au mois d'avril 1877, m'a été communiquée par M. J. Martha.

N° 31.   *Terre cuite. Collection Durand. Paris.*

Figure de femme debout, vêtue d'une tunique et d'un manteau plus court, dans lequel le bras et la main gauche sont enveloppés.

Elle est coiffée d'une sorte de diadème et porte les cheveux relevés en nœud sur le haut de la tête. — C'est une coiffure que porte Psyché dans beaucoup de représentations gréco-romaines.

Elle a deux longues ailes d'oiseau dressées qui ressemblent plus aux ailes des statues de Niké qu'aux ailes de Psyché.

> Clarac, pl. 654, n° 1502.

N° 32.   *Terre cuite. Collection Durand. Paris* (1).

Figure de femme assise (Cf. le n° précédent).

Une jeune fille assise tient des deux mains une boîte ouverte ; elle est vêtue d'une tunique courte sans manches. Les cheveux relevés en bandeaux sont réunis en nœud sur le sommet de la tête.

Longues ailes d'oiseau comme au n° précédent.

> Clarac, pl. 654, n° 1503.

---

(1) Je n'ai pu voir les monuments décrits sous ce numéro et sous le précédent ; aussi je ne leur donne place dans ce catalogue qu'à titre de monuments douteux.

SECTION III.

N° 33. — *Obsidienne noire avec rebord blanc. Musée royal de Berlin. Appartenait autrefois à la collection des princes électeurs de Brandebourg.*

Psyché, voilée à demi, regardant vers le ciel, et tenant du bout des doigts un papillon posé sur son sein.
Entaille peu profonde. Œuvre grecque.

> Tölken, *Catalog der geschnittenen Steine zu Berlin*, III, 680.
> Kékulé, *Annali dell' Instituto*, 1864. A. Tav. d'Ag., I. n° 1.
> Cf. Otto Iahn, *Apuleij Psyche et Cupido*, 1856, p. IX et 1. — Hirt, *Abhandlungen der Ak. der Wisse.tchaft. in Berlin*, 1812 (elle est mal publiée).
> Conze, *De Psyche imaginibus quibusdam*, 1855, p. 1 et suiv.

N° 34. — *Cornaline du musée de Berlin. Réplique de l'obsidienne.*

Psyché tenant un papillon posé sur son sein. La tête est à demi-voilée.

> Décrite par Tölken, *Catalog der geschnittenen Steine*, etc., III. 682.
> Cadès, XIV, 228.
> Kékulé, *Annali dell' Instituto*, 1864. *Rappresentanze gemmarie della Psiche*. Tav. d'Ag. I, n° 3. C. de son catalogue.

N° 35.   *Pâte antique de couleur jaune: Musée de Berlin.*

> Tölken, *Catal. der geschn. St.*, III, 684.
> Kékulé, *Annali*, 1864. D. de son catalogue.
> Réplique.

N° 36.   *Pâte antique de couleur bleue. Musée de Berlin.*

> Tölken, *Catalog der geschn. St.*, III, 685.
> Kékulé, *Annali*, 1864. H. Tav. d'Ag. I, n° 4.
> Réplique.

N° 37. — *Pâte antique de couleur jaune. Musée royal de Berlin.*

Psyché voilée au papillon.

> Tölken, *Catalog der geschn. St.*, III, 683.
> Kékulé, *Annali*, 1864, *loc. cit.* F.
> Réplique de l'obsidienne du musée de Berlin.

N° 38. — *Cornaline de la collection impériale de Saint-Pétersbourg.*

Psyché voilée au papillon.

> *Catalogue des empreintes de cette collection existant au musée royal de Berlin*, III, 29, 84.
> Kékulé, *Annali*, 1864. E. Réplique.

N° 39. — *Cornaline de la collection impériale de Saint-Pétersbourg.*

Psyché voilée au papillon.

> *Catalogue des empreintes de cette collection existant au musée de Berlin*, VIII, 37, 62.
> Kékulé, *Annali*, 1864. G. Réplique.

N° 40.   *Cornaline du British Museum.*

Psyché, demi-voilée, tenant un papillon.

> *Catalogue des empreintes existant au musée de Berlin*, n° 368.
> Kékulé, *Annali*, 1864. K. *loc. cit.*
> Réplique de l'obsidienne de Berlin.

N° 41.   *Onyx de la collection royale de La Haye.*

Psyché, demi-voilée, tenant un papillon.

> De Jonge, *Catalogue*, 517.
> Hirt, *Abhandlungen der Akademie der Wissenschaften in Berlin*, 1812. Tav. I, n° 1.
> Kékulé, *Annali dell' Instituto*, 1864. Tav. d'Ag. I, n° 5, d'après une empreinte du musée de Berlin. Réplique.

No 42.   *Sardoine de la Bibliothèque Nationale. Paris.*

Psyché, voilée à demi, tenant le papillon. Figure vue à mi-corps. Sardoine à deux couches. Hauteur : 18 mill., largeur 17 mill.

> Chabouillet, *Catalogue des camées et pierres gravées de la Bibl. Imp.*, n° 50.
> Réplique.

N° 43.   *Cornaline. Musée de Florence (Uffizi).*

Psyché, voilée à mi-corps, tient par les ailes un papillon posé sur son sein.

> Gori, *Mus. Flor.* Tav. 79.
> Lippert, *Dactylioth.*, I, 837, 839.
> De' Rossi, *Gemme antiche figurate, date in luce da Domenico de' Rossi, colle sposizioni di Paolo Alessandro Maffei*, pl. XXIV, t. II.
> Kékulé, *Annali dell' Instituto*, 1864, *loc. cit.*, p. 140. B.
> Tassie, *A descriptive Catalogue of Gems*. Londres, 1791, n° 7036.
> Réplique de l'obsidienne de Berlin.

N° 44.

> Répliques de la même pierre publiées par Tassie, *A descript. Cat.*
> N°ˢ 7033, 7034, 7035, 7037, 7038, 7039, 7040 (Townley, pâte antique).
> 7041 (Grenat, coll. du duc de Devonshire. Lippert, *Dactyl.*, III, 461).
> 7042 (Cornaline blanche de M. Cruikshank).

N° 45. — *Variantes de l'obsidienne de Berlin publiées par Tassie. A descriptive Catalogue of Gems. Londres, 1791.*

Psyché en buste, tête nue, ailes aux épaules, tient sur les doigts de la main droite un papillon.

> N°ˢ 7045 (Pâte antique, coll. Townley). 7046 (Soufre : Stosch). 7047, 7048 (Collection de M. Miliotti). 7052 (Sardoine, cabinet du roi de Prusse. Winckelmann, Cat., 151, n° 846-47).

N° 46. — *Camée. Fragment de basalte. Collection appartenant à la ville de Genève, publiée par M. Walther Fol.*

Tête de Psyché. Fragment de tête avec des ailes de papillon au-dessus des oreilles. On distingue les deux yeux de l'aile de papillon. La coiffure est peu distincte ; il semble qu'elle forme un nœud avec plusieurs bandelettes.

Largeur : 19 c. Hauteur : 16.

> *Catalogue descriptif du musée Fol*, IIᵉ partie. *Glyptique et verrerie* (Genève, 1875), n° 1837.

N⁰ 47. — *Calcédoine. Style grec ; intaille.* Larg., 10 ; haut., 14.

Tête de Psyché couronnée de fleurs ; ailettes sur la tête.

Catalogue descriptif du musée Fol, n⁰ 1833.

N⁰ 48. — *Verre sardoine. Travail latin.* Larg., 10 ; haut., 12.

Tête de Psyché avec des ailes derrière la tête ; cheveux réunis en nœud, enroulés en bandeaux.

Catalogue Fol, n⁰ 1835. *Musée Fol : Etudes d'art et d'archéologie*, etc. Genève, 1875, pl. XXIII, fig. 1.

N⁰ 49. — *Pierre dure. Cornaline. Intaille*, *style romain.* Larg., 15 ; haut., 15.

Tête de Psyché, avec une aile d'oiseau derrière la tête, attachée à la naissance des épaules. Cheveux relevés en bandeaux enroulés, et réunis en nœud.

Catalogue Fol, n⁰ 1834. *Musée Fol*, pl. XV, fig. 5.

N⁰ 50. — *Camée. Pierre dure. Onyx.* Larg., 14 ; haut., 15.

Tête de Psyché, cheveux enroulés en bandeaux et reliés en corymbe sur le derrière de la tête. Ailes adaptées aux épaules.

Catalogue Fol, n⁰ 1836. *Musée Fol*, pl. XXIII, fig. 2.

N⁰ 51. — *Verre sardoine enfumée.* Larg., 8 ; haut., 9. *Style grec ; intaille.*

Tête de Psyché. Une aile d'oiseau derrière la tête ; cheveux réunis en nœud sur la nuque.

Catalogue Fol, n⁰ 1838. *Musée Fol*, pl. XXIII, fig. 3.

N⁰ 52.   *Psyché enchaînée à un arbre. Cornaline.*

Psyché nue est enchaînée à un arbre garni de ses feuilles de gauche à droite.

Kékulé, *Annali dell' Instituto*, 1864. *Tav. d'Ag.* I, n⁰ 6.
Gerhard, *Apparato archeol. del r. museo di Berlino.* Vol. T, fogl. 68, n.
Cadès, VII, K. 64.

Nº 53.   *Psyché enchaînée à un arbre.*

Psyché nue, les mains derrière le dos, est attachée à un arbre garni de ses feuilles de (droite à gauche).

> Kékulé, *Annali*, 1864. *Tav. d'Ag.* I, nº 7.
> Gerhard, *Apparato archeol. del r. museo di Berlino.* Vol. T, fogl. 68, o.
> Cadès, VII, K. 64.

Nº 54.   *Psyché enchaînée à un arbre.*

Psyché nue est attachée à un arbre dépouillé de ses feuilles de droite à gauche. Derrière l'arbre vole un papillon.

> Kékulé, *Annali*, 1864. *Tav. d'Ag.* I, nº 9.

Nº 55.   *Cornaline. Cabinet du roi de Prusse.*

Psyché, les mains liées derrière le dos, est assise sur un autel, devant une colonne, à côté de Vénus.

> Winckelmann, *Catalogue*, p. 152, nº 857.
> Tassie, *A descript. Catalogue*, nº 7172.

Nº 56.   *Camée.*

Psyché assise, les mains liées derrière le dos, entourée de trois Eros.

> Tassie, *A descript. Catalogue*, nº 7174.

Nº 57.   *Cornaline. Collection Townley.*

Psyché assise, le pied pris dans un piége.

On lit dans le champ le nom de ΠΑΜΦΙΛΟΥ : inscription douteuse.
Cf. pour ce nom *Corpus inscr. Gr.*, nº 7114. On trouve sur un gemme les lettres

ΡΑΜΦΙΛ..

Voyez aussi *Corpus*, nº 7235, ΠΑΜΦΙΛΟΥ

Nº 58.   *Cornaline. Musée de Florence.*

Psyché, vêtue d'une tunique et d'un péplos serré à la taille par une ceinture ; ailes de papillon. Elle est à genoux, les mains attachées derrière le dos (de droite à gauche).

> Gori, *Museo Fiorentino.* Tav. 79, 6.
> Hirt, *Abhandlungen der Ak. der Wissenschaft. in Berlin.* Taf. nº 4.
> Maffei et de' Rossi, *Gemme antiche figurate*, t. III, pl. XXIII.
> Tassie, *A descript. Catal.*, nº 7173.

N° 59.   *Eros attachant Psyché à un arbre.*

Psyché, drapée à mi-corps, est assise au pied d'un arbre. Un Eros est occupé à lui lier les mains. Un second génie, à gauche de la scène, tient une verge et regarde.

A droite, une figure drapée à mi-corps, assise sur un rocher, s'appuie sur une main, et de l'autre tient un thyrse — et non une quenouille, comme le veut Maffei.

Hirt croit reconnaître dans cette figure une des Parques. Wieseler y voit Dionysos.

Maffei intitule la scène : *La Virtù ridotta in servitù dal Vizio.* Il la publie mal : il fait des ailes de Psyché deux boucliers attachés au tronc de l'arbre.

Maffei et de' Rossi, *Gemme antiche figurate.* Vol. IV, tavol. 74.
Hirt, *Abhandlungen der Akad. der Wissenschaften in Berlin*, 1812, 1813. Taf. n° 5.
Wieseler, *Alte Denkmäler*, t. II, pl. LIV, n° 692.

N° 60.   *Psyché enchaînée à une colonne.*

Psyché nue (tournée à gauche) est attachée, les mains derrière le dos, à une colonne près de laquelle vole un papillon.

Kékulé, *Annali dell' Instituto*, 1864. Tav. d'Ag. I, n° 8.
Gerhard, *Apparato archeol. del r. museo di Berlino.* Vol. T, fogl. 68, p. Cadès, VII, K. 64.

N° 61.   *Psyché enchaînée par Eros.*

Tassie, *A descript. Catal.* Londres, 1791, n°ˢ 7175, 7176.

N° 62.   *Psyché enchaînée par Eros.*

Psyché, vêtue d'une longue robe, les mains réunies derrière le dos, est attachée à une colonne par Eros ailé.

Elle a des ailes de papillon ; Eros l'attache avec une longue bandelette.

Tölken, *Catalog der geschnittenen Steine in Berlin.* III, 691.
Kékulé, *Annali dell' Instit. di corrispond. archeol.* 1864. Tav. d'Ag. I, n° 10.
Otto Iahn, *Leipziger Berichte.* 1851. VI, 3, p. 158.
—   *Arch. Beiträge*, p. 181 et suiv.
Gerhard, *Gesammelte Akademische Abhandlungen.* XIII. *Ueber den Gott Eros*, pl. LXVI, n° 12.

N° 63. *Psyché enchaînée par Eros.*

Eros enfant, debout sur un petit rocher, la jambe droite pliée par l'effort, attache une jeune femme dont les mains sont réunies derrière le dos.

> Kékulé, *Annali*, 1864. *Tav. d'Ag.*, I, n° 11.
> Cadès, VII, 63.

N° 64. *Gemme du musée de Florence.*

Psyché torturée par Eros.

Eros ailé, tenant une torche de la main droite, tient de la main gauche Psyché par les cheveux. Psyché, drapée à mi-corps, ailes de papillon ; elle est terrassée par Eros qui pose le pied gauche sur son corps.

> *Reale Galleria di Firenze*, ser. V, t. 18, n° 4.
> Wieseler, *Alte Denkmäler*, t. II, pl. LIV, n° 685.
> Otto Iahn, *Apuleij Psyche et Cupido. Præfatio*, p. x, p. 72.

N° 65. *Eros brûlant l'âme sous la forme d'un papillon.*

Eros ailé, de gauche à droite, tient de la main droite une torche ; de la main gauche un papillon qu'il brûle à la flamme de la torche.

> Hirt, *Abhandlungen der Akademie der Wissenschaften in Berlin*. 1812 ,
>   1813. Taf. n° 9.
> Ottfried Müller, *Atlas des Handb.*, pl. 40, CLXXV.

N° 66. *Eros brûlant un papillon.*

Eros brûle un papillon à sa torche. A sa droite, un autre Eros tient un chien.

> Otto Iahn, *Archäologische Beiträge*, S. 148. Taf. VII, n° 4.
> Tölken, *Erkl. Verz. Kl*, III. Abth., 2, n° 708 (d'après une empreinte de
>   pierre gravée existant au musée de Berlin).
> Wieseler, *Alte Denkmäler*, t. II, pl. LIII, n° 673.

N° 67. *Nicolo. Cabinet du roi de Naples.*

Eros brûlant un papillon à son flambeau.

> Tassie, *A descriptive Catalogue of Gems*. Londres, 1791, n° 7081.

N° 68.

> Répliques et variantes de la même scène, citées par Tassie, *loc. cit.*
> N° 7080, 7082 (Soufre : Stosch), 7083 (Calcédoine : Lippert, I, 828). 7084,
> 7085 (Cornaline : Lippert, I, 826). 7086 (Cornaline du comte Potocki :
> Lippert, III, 459). 7087 (Pâte antique : Townley. L'Amour à genoux
> brûlant un papillon à un autel allumé). 7089 (Eros brûlant un papillon
> à son flambeau, en présence d'un autre Eros qui amène une biche).
> 7090 (Pâte antique : Townley). 7091, 7092 (Cornaline. Eros vu de face
> brûlant un papillon à la flamme d'un autel). 7093 (Soufre : Stosch). 7095
> (Nicolo, cab. du roi de Naples).

N° 69.

Eros (de gauche à droite) ailé, vêtu d'une chlamyde, tient de la main
gauche un papillon qu'il brûle à la flamme de son flambeau :
A droite, dans le champ, une palme posée contre un vase.

> Gerhard, *Archäologische Zeitung, neue Folge*, n° 22, 1848, p. 337. *Ibid.*
> Taf. XXII, n° 2.

N° 70.   *Eros épurant l'âme.*

Eros ailé, tient un papillon au-dessus de la flamme d'un trépied : de
l'autre main, il s'essuie les yeux en détournant la tête.

> Gerhard, *Ueber den Gott Eros (Gesammelte Akademische Abhandlungen)*,
> pl. I, n° 11.

N° 71.   *Onyx à biseau.*

Eros fixe à coups de marteau un papillon à un tronc d'arbre.

> Tassie, *A descript. Catal. of Gems*, n° 7068.

N° 72.

> Répliques. N° 7067, Tassie, *loc. cit.* Lippert, *Dactylioth.*
>   N° 7069, *Id.,   id.*
> De Rossi et Maffei, *Gemme antiche figurate*, t. III, pl. XXII.

N° 73.   *Vase de sardonyx de Saint-Pétersbourg. Relief.*

Psyché tourmentée par l'Amour.

Tableau partagé en deux parties :
1re *Partie*. — Sur le devant, Apollon assis et tenant de la main droite
élevée le plectre, de l'autre la lyre.

Diane avec un cerf debout à côté de lui. Derrière eux volent l'Hymen avec le flambeau nuptial et Hébé. Tous deux regardent Apollon.

A droite, une jeune femme, élégamment vêtue et assise sur une chaise, semble appeler près d'elle un génie ailé qui lui apporte un alabastron.

2e *Partie.* — Un pin, au pied duquel est agenouillée Psyché, les mains attachées derrière le dos ; ailes de papillon. Près d'elle, un Eros armé d'un arc vise un papillon.

Un autre Eros attaque avec une torche un second papillon. Au-dessous, un Eros dans une coquille traînée par deux papillons. Au-dessous, une fleur sortant du sol.

> Kœhler, *Gesammelte Schriften*, réunis par Stephani. « *Vase de sardonyx antique gravé en relief.* Saint-Pétersbourg, 1800. » Bd. IV, 5, 77. folg. Saint-Pétersbourg, 1851.
> Wieseler, *Alte Denkmœler*, t. II, pl. LIII, n° 668.
> Cf. Otto Iahn, *Berichte des k. Sächs. Ges. der Wissenschaften*, 1851, S. 159. Folg.

N° 74.

Un Eros dans un char traîné par deux Psychés ; il tient un fouet ou un aiguillon.

D'après une empreinte du musée de Berlin.

> Tölken, *Erklärendes Verzeichniss der antiken... geschnittenen Steine*, etc., III. Abth., 2, n° 718.
> Gerhard, *Archäologische Zeitung*. 1848. Taf. XXIII, n° 5.
> Wieseler, *Alte Denkmäler*, t. II, pl. LIV, n° 690.

N° 75. *Soufre. Collection de Stosch.*

Un Eros dans un char attelé de deux papillons. Il tient un flambeau. Dans le champ, un croissant et une étoile.

> Tassie, *A descript. Catal. of Gems*, n° 7125.
> Répliques de la même scène, citées par Tassie. N°⁵ 7126, 7127, 7128, 7129, 7130, 7131.

N° 76.

Eros labourant avec une charrue attelée de deux papillons.

> Tassie, *A descr. Catal. of Gems*, n° 7132.
> Bœttiger, *Kl. Schr.*, II, S. 319 fl. Taf. VII, n° 2.
> O. Iahn, *Archäologische Beiträge*, S. 174.
> Wieseler, *Alte Denkmäler*, t. II, pl. LIII, n° 674.

N° 77.

Deux Psychés, conduites par Eros, traînent un char où est assise une figure de femme qui tient un thyrse ; à côté d'elle un second Eros.

Zannoni, *Reale Galleria di Firenze.* V. I, p. 130.
Gerhard, *Archäologische Zeitung*, 1848, S. 358.

N° 78.

Eros un boyau à la main. Psyché à sa droite tient la torche qu'elle lui a prise, et semble le condamner à travailler.

Cadès, *Impr. Gemm.*, cent. IV, n° 34.
Otto Iahn, *Berichte der k. Sächs. Ak. der Wissenschaften*, 1851, S. 165 fl.
Wieseler, *Alte Denk.*, t. II, pl. LV, n° 697.

N° 79.   •

Eros assis par terre, pris dans un piége par le pied ; sur le piége est posé un papillon. Un autre petit génie ailé, debout à côté de lui, approche son doigt de sa bouche, pour recommander le silence ou pour réprimander le prisonnier.

Gori, *Mus. Fl.*, t. I, t. 81, n° 2.
Otto Iahn, *Berichte der Sächs. Akad. des Wissenschaften*, 1851, S. 162.
Wieseler, *Alte Denkm.*, t. II, pl. LV, n° 698.

N° 80.   *Cornaline. Cabinet de Florence.*

Eros, les mains liées derrière le dos, est enchaîné à un pilier, le long duquel monte un papillon.

Gori, I, 76, 9.
Tassie, *A descr. Catal.*, n° 7103.

N° 81.

Répliques et variantes citées par Tassie. N° 7096 (Jacinthe de M. Dutens ; cabochon). N°⁸ 7097, 7098, 7099 (Jacinthe de lord Algernon-Percy). N°ˢ 7100 (Cornaline). 7101 (Cristal de roche). 7102 (Camée. Soufre : Stosch). 7014 (Cornaline, coll. Poggi ; cabochon. Dans le champ l'inscription EΥΤΥΧΗΔΕC). N° 7105 (Sardoine, coll. de lord Algernon-Percy ; cabochon). N° 7106 (Grenat, collection Macgowan). N° 7110(Pâte antique : Townley. Eros enchaîné est à genoux ; le papillon à côté de lui). N° 7109 (Pâte antique : Townley. Eros enchaîné est à genoux devant un pilier sur lequel est un sphinx, et le long duquel monte un papillon). N°ˢ 7117, 7118, 7115, 7120 (Camée. Améthyste. Florence. Gori, I, 81, 2). N°ˢ 7121, 7122, 7123, 7124, 7125.

N° 82.   *Psyché dans un char conduite par des Eros.*

Psyché nue ; ailes de papillon. Elle tient dans la main droite élevée un flambeau ; elle est montée sur un petit char, que traînent deux génies ailés volant, tenant des branches de laurier, et attachés à des bandelettes, que Psyché tient réunies de la main gauche.

Montfaucon, *L'antiquité expliquée. Supplément*, t. I, L. III, pl. XLVIII.

N° 83.   *Calcédoine.*

Groupe d'Eros et Psyché se tenant embrassés.

Psyché, drapée à mi-corps, tient Eros embrassé. Eros approche d'une main le visage de Psyché du sien. A sa droite, son carquois suspendu à un tronc d'arbre. Psyché a des ailes de papillon.

Dans le champ est écrit le nom de **ΦΗΛΙΣ** ou **ΦΗΛΙΞ**.·

Gori, *Dactyliothek. Smith*, p. 191.
Tassie, *A descriptive Catalogue of Gems.* 1791. Londres, n° 7181.

N° 84.

Répliques du même groupe citées par Tassie. N°ˢ 7178, 7179, 7180, 7182 (Stosch). 7183 (Stosch). 7184, 7185, 7186 (Collection Poggi). 7187, 7188, 7189, 7190 (Princesse Daskow). 7191, 7192 (Stosch). 7193, 7194 (Townley). 7195 (*Id.*).

N° 85. — *Verre sardoine. Style grec ; pâte. Collection de Genève.*
Larg., 10 ; haut., 11.

Eros et Psyché étroitement enlacés ; Psyché, de son bras droit élevé, amène contre son visage la tête d'Eros.

Catalogue Fol, n° 1840. *Musée Fol*, pl. XXIII, fig. 5.

N° 86.   *Verre sardoine. Style grec.* Larg., 9 ; haut., 10.

Psyché, sans ailes, s'appuie sur Eros.

Catal. Fol, n° 1841. *Musée Fol*, pl. XXIII, fig. 6.
L'attribution faite par M. Fol du nom d'Eros et Psyché est très-douteuse).

N° 87. — *Verre sardoine. Style grec. Intaille ; pâte.* Larg., 10 ; haut., 10.

Eros et Psyché étroitement embrassés.

Catal. Fol, n° 1842. *Musée Fol*, pl. XXIII, fig. 7.

Nᵒ 88.   *Camée. Bleu saphir.*

Groupe d'Eros et Psyché se tenant embrassés.

Psyché a des ailes de papillon. Demi-olive, ayant dû être montée en fibule.

> *Catal. Fol*, nᵒ 1847. *Musée Fol*, pl. XXIII, fig. 11.
> Cf. *Cabinet du duc d'Orléans*, t. I, pl. XXXVII. Sujet analogue.

N. 89.   *Hyacinthe. Style grec. Intaille ; pâte.*

Psyché surprise par Eros ; elle se défend, tandis qu'Eros cherche à la saisir.

> *Catal. Fol*, nᵒ 1843. *Musée Fol*, pl. XXIII, fig. 8.

Nᵒ 90.

> Répliques du groupe d'Eros et Psyché se tenant étroitement embrassés.
> Saphir, *Catalogue Fol*. nᵒ 1848. — *Id., ibid.*, nᵒ 1849. — *Id., ibid.*, nᵒ 1850.
> — Aigue-marine, *ibid.*, nᵒ 1851. — Béryl, *ibid.*, nᵒ 1852. — Cristal,
> *ibid.*, nᵒ 1853. — Cristal opalin, *ibid.*, nᵒ 1854. — Cristal, *ibid.*, nᵒ 1855.

Nᵒ 91.   *Abraxas :* gravure sur les deux faces.

1ʳᵉ *Face.* — Eros ailé et Psyché drapée à mi-corps, ailes de papillon, se tenant embrassés.

2ᵉ *Face.* — Une figure grossièrement dessinée, entourée de caractères qui ne semblent pas former un sens intelligible. Mal gravée dans l'œuvre de Montfaucon.

> Montfaucon, *L'antiquité expliquée*, t. II, 2ᵉ partie, pl. CLXII.

Nᵒ 92.   *Cornaline. Collection du roi de Naples.*

Union d'Eros et de Psyché.

Au-dessous, dans le champ, on lit les lettres suivantes :

... ΦΩΝΟC.

Le rapprochement de cette pierre gravée avec celle du nᵒ 95 de notre catalogue, montre qu'il faut restituer ΤΡΥΦΩΝΟC.

> Visconti (*Op. var.*, II, p. 192) l'attribue à Tryphon, et pense que c'est
> le même Tryphon qui est célébré dans une épigramme d'Addaios
> (Brunck, *Analecta*, II, p. 242. — Jacobs, *Animadv.*, t. IX, p. 233 et
> suiv.). — Brunn (*Museum Rhenanum*, VIII, 245) n'admet pas que ce
> soit le même Tryphon.

Tassie, *A descriptive Catalogue of Gems.* Londres, 1791, n° 7202.
Lippert, I, 843.
Visconti, *loc. cit.*
Corpus Inscr. Græc., n° 7267.

N° 93.

Répliques citées par Tassie, *A descr. Catal.*, n°⁶ 7203, 7204, 7205.

N° 94.   *Soufre, coll. de Stosch.*

Eros et Psyché servis par Hyménée, qui leur apporte une grande amphore : ils sont couchés sur leur lit nuptial.

Tassie, *A descr. Catal.*, n° 7206.

N° 95.   *Camée. Collection du duc de Marlborough.*

Noces de Psyché et d'Eros.

Scène de mariage dont tous les personnages sont des enfants ailés. Eros
et Psyché ailés (Psyché a des ailes de papillon), la tête couverte d'un voile
et tenant des colombes, sont conduits par un génie ailé, qui d'une main
les guide par une chaîne, et de l'autre porte un flambeau. Une autre
figure ailée les précède, et semble préparer le lit nuptial. Une troisième
les suit, portant élevée au-dessus de leurs têtes une corbeille de fruits,
symbole de la fécondité.

Dans le champ on lit l'inscription :

ΤΡΥΦΩΝ ΕΠΟΙΕΙ.

Kœhler (*Gesammelte Schriften von Stephani*, Bd., III, S. 201, und folg.
357) la tient pour apocryphe. Le *Corpus* la donne comme authen-
tique, t. IV, n° 7267.
Montfaucon, *Antiquité expliquée*, t. I, p. 1, p. 192, tab. 121.
Winckelmann, *Histoire de l'art*, VIII, c. 2, § 27, V, 5, p. 257.
Spon, *Recherches curieuses d'antiquités*, p. 87, pl. 3.
— *Miscellanea erud. ant.*, I, 4, 7.
Stosch, t. 70.
Bracci, II, t. 114.
Cadès, II. B. 236.
Raspe, 7199, pl. 42.
Millin, *Galerie mythologique*, tab. 41, n° 198. *Introd.*, p. 171.
R. Rochette, *Questions de l'histoire de l'art*, p. 95.
Guigniaut, *Religions de l'antiquité*, pl. XCVIII, n° 408.
Wieseler, *Alte Denkmäler*, t. II, pl. LIV, n° 683.
Kœhler, *Gesammelte Schriften von Stephani*, 1. Bd III, S. 201, und folg.
357. Folg.
Otto Iahn, *Archäologische Beiträ*   .5, 173. Folg.

Gerhard, *Arch. Anzeiger*, 1854, p. 433.
Choice of the Gems of Marlborough, t. I, pl. 50.
Corpus Inscr. Gr., n° 7267.

N° 96. — *Psyché devant un Amour qui joue de la double flûte.*

Psyché est assise, la tête appuyée sur le bras gauche. Elle est drapée à mi-corps. Devant elle, un génie ailé joue de la double flûte. Derrière lui, à droite, un rocher qui, suivant Hirt, réprésente l'entrée du Ténare.

Hirt, *Abhandl. der Akad. der Wissenschaften in Berlin*. Taf., n° 10.
Eckel, *Pierres gravées du musée impérial*, tab. 29.

N° 97.   *Gemme de verre. Collection du baron de Stosch.*

Deux Eros jouent l'un de la double flûte (de droite à gauche), l'autre de la lyre (assis de gauche à droite) en présence de Psyché couverte de ses vêtements, et debout devant eux (de droite à gauche).

Hirt, *Abhandl. der Ak. der Wiss. in Berlin*. 1812, 1813. Taf., n° 13.
Lippert, I. Taus., 855.
Ot. Müller, *Atlas des Handb.*, pl. 36, n° CLXXIV.

N° 98.   *Agate. Cabinet de Florence.*

Psyché, ailes de papillon, brûle un papillon à la flamme d'un flambeau qu'elle tient de la main droite.

Gori, I, 80, 6.
Tassie, *A descript. Catal. of Gems*, n° 7136.

N° 99.   *Sardoine barrée. Collection Townley.*

Psyché (ailes de papillon) sacrifie à un autel.

Tassie, *A descript. Catal.*, n° 7135.

N° 100.

Psyché appuyée sur un hoyau. A ses pieds, un Éros tenant un casque.

(Winckelmann y voit l'image et le symbole de la culture de la terre, associée au génie de l'Amour turbulent, contraire au repos et armé pour les combats.)

Winckelmann, *Monumenti inediti*, pl. 34, ch. XIV.
Wieseler, *Alte Denkmäler*, t. II, pl. LIV, n° 689.

Nº 101. — *Cornaline. Pierre dure. Collection de Genève. Style grec ;*
intaille. Larg., 8 ; haut., 11.

Psyché sortant du bain. Elle a aux épaules deux ailes de papillon et
paraît essuyer son corps avec un voile.

Catalogue Fol, nº 1839. *Musée Fol*, pl. XXIII, fig. 4.

Nº 102. — *Pierre dure. Sardoine. Creux. Collection de Genève.*
Larg., 9 ; haut., 11.

Eros et une jeune fille, peut-être Psyché, dans une sorte de coquille
conique, la pointe en bas.

Catalogue Fol, nº 1845. *Musée Fol*, pl. XXIII, fig. 10.

Nº 103. — *Verre sardoine. Style grec ; intaille, pâte. Collection de*
Genève. Larg., 7 ; haut., 6.

Eros accroupi et Psyché debout. Tous deux ont les mêmes ailes. Eros
tient une couronne de la main gauche. Psyché paraît écrire sur une colonne, sur laquelle se trouve un animal, peut-être un bélier. Au bas de
la colonne et en travers, la torche d'Eros.

Catalogue Fol, nº 1846. *Musée Fol*, pl. XXIII, fig. 12.

Nº 104.   *Pierre gravée. Musée de Berlin.*

Un génie ailé, tient de la main gauche une lampe. Il s'approche d'un
lit où est couchée Psyché ; ailes de papillon.

Tölken, *Verzeichniss der Berliner Sammlung*, p. 162, nº 694.
Winckelmann, *Description des pierres gravées du baron de Stosch*, p. 151,
     nº 848.
Conze, *De Psyches imaginibus quibusdam*, pl. nº 1.
Répliques. Wieseler, *Alte Denkmäler*, t. II. Taf. LI, nº 647.
Tölken, *Verzeichniss der Berliner Sammlung*, p. 162, nº 696.

Nº 105.   *Pâte antique. Collection Townley.*

Psyché occupée à séparer les grains mélangés ; épreuve infligée par
Vénus.

Tassie, *A descriptive Catalogue of Gems.* Londres, 1791.
Nº 7141.

N° 105 *bis.*

> Variantes de la même scène indiquées par Tassie.
> N°⁵ 7142 (Townley). 7142 (Soufre : Stosch. Psyché est aidée par les
> fourmis. Dans le champ, l'aigle de Jupiter). 7144 (Cornaline du
> comte de Bruhl : Lippert, I, 64). 7145, 7146 (Cornaline : Townley).
> ·7147 (Cabinet de Florence : Gori, I, 100-2). 7148.

N° 106.   *Calcédoine. Musée de Berlin.*

Psyché, avec des ailes de papillon, drapée à mi-corps, est assise sur
une roche. Un aigle lui apporte une amphore.

> Non publiée dans le catalogue du Musée de Berlin.
> Conze, *De Psyches imaginibus quibusdam*, p. 16, planche n° 4.

N° 107.   *Gemme de verre. Musée de Berlin.*

> *Un peu endommagée* (non décrite au catalogue du Musée).

Psyché, ailes de papillon, drapée à mi-corps. Elle tient un vase qu'elle
va remplir d'eau. Au-dessous, un instrument dont le sens est inintel-
ligible.

> Conze, *De Psyches imaginibus quibusdam*, p. 15, planche n° 3.

Cette figure peut être prise pour une représentation d'Iris, qui a aussi
quelquefois des ailes de papillon.

> V. Tölken, *Programm der numismatischen Gesellschaft in Berlin*, 1845.
> Wieseler, *Alte Denk.*, LII, n° 660.
> Cf. Gerhard, *Etruskische Spiegel.* Taf. XLI. Sujet analogue.

N° 108.   *Verre améthyste. Collection de Genève.*

Figure assise, tenant une amphore penchée et vide. Elle a des ailes
de papillon. Type de Psyché. L'amphore est de type rhodien.
Un Eros plus petit danse et joue de la double flûte. Travail grec.
Œuvre soignée.

> *Catalogue Fol*, n° 1844. *Musée Fol*, pl. XXIII, fig. 9.

N° 109.   *Réplique.*

Psyché tenant à la main un vase. A côté d'elle un Eros joue de la flûte.

> Otto Iahn, *Archäologische Beiträge*, n° 312.
> Conze, *De Psyches imaginibus quibusdam*, p. 15, note 3.

No 110.   *Cornaline. Cabinet du roi de Prusse.*

Psyché, sur les ordres de Vénus, allant chercher de l'eau du Cocyte avec une petite amphore.

(Winckelmann, *Catal.*, p. 153, no 859).
Tassie, *A descript. Catal. of Gems.* Londres, 1791.
No 7149.

No 111.

Variantes de la même scène, indiquées par Tassie, *loc. cit.*

Nos 7150 (Cornaline : Stosch. Lippert, I, 840. Gravelle, II-22). Psyché implore Pan. Un vase à côté du pedum de Pan.

No 7151 (Pâte antique : Townley). Psyché à genoux remplit une amphore.

No 7152 (Pâte antique : Cabinet du roi de Prusse. Winckelmann, *Catal.*, 193, no 860).

Nos 7153 (Soufre : Stosch). 7154 (*Id.*). 7155 (*Id.*). 7156 (*Id.*). 7157 (Jaspe rouge : Stosch). 7158 (Soufre : Stosch). 7159 (Sardoine). 7160 (*Id.*). 7161 (*Id.*). 7162 (Soufre).

No 7163 (Pâte antique : Cabinet du roi de Prusse. Winckelmann, *Catal.*, no 863). Psyché sans ailes, appuyée sur une colonne, et soulevant son vase sur lequel est un papillon.

No 7164 (Cornaline à biseau). Réplique. (Bandelettes au lieu du papillon).

No 7165. Psyché se reposant, assise sur un autel, avec une amphore.

Nos 7166 (Soufre : Stosch). 7167. Répliques.

No 112.

Fragment d'une plaque de jaspe gravée en creux sur ses deux faces et sur son biseau, autrefois dans le musée Borgia. Possesseur actuel inconnu.

1o Fragment du groupe d'Eros et Psyché se tenant embrassés, avec légende circulaire, écrite au rebours.

ΝΕΙΧΔΡΟΠΛΗΣ

2o Mithra tuant le taureau.

•3o Inscription circulaire, écrite au rebours.

ΒΑΦΡΕΝΕΜΟΥΝΟΘΙΑΛΡΙΚΡΙΦΙΔΕΥΡ
B   W   Є

Félix Lajard, *Introduction à l'étude du culte public et des mystères de Mithra*, pl. CII, nos 9, 9 a, 9 b.

N° 113.

Bague en or. Sur le chaton sont deux figures en relief : une jeune femme assise sur les genoux d'un éphèbe, lui donne un baiser sur la bouche. Les deux personnages sont nus jusqu'à la ceinture. Or repoussé.

On peut reconnaître dans cette représentation le groupe d'Eros et Psyché.

> De Witte, *Cabinet Durand*, n° 2147.

Manche de cachet en ivoire. Musée Grégorien, au Lateran, à Rome. Salle XV. — Trouvé dans les fouilles d'Ostie.

Ce petit monument, d'un travail très-négligé, représente Eros et Psyché se tenant embrassés. Les deux figures n'ont pas d'ailes. Le groupe, en ronde bosse, est posé sur une base cylindrique.

> Benndorf et Schœne, *Die antiken Bildwerke des Lateranensischen Museums*, n° 604.

N° 114. — *Petit relief avec base (ivoire et os). Musée Grégorien, au Lateran.*

Eros embrasse Psyché, vêtue d'une robe, sans ailes. Travail médiocre, style très-lourd.

> Benndorf et Schœne, *Ibid.*, n° 603.

N° 115. — *Vase peint conservé dans la Bibliothèque Vaticane, à Rome.*

Amphore à figures noires sur fond rouge. Hauteur, 30 c.; périphérie, 53 c. L'anse est décorée de palmettes; à la partie supérieure de la composition court une guirlande de feuilles d'ache, peintes au blanc jaune.

A. Eros et Psyché sont à demi-couchés sur un lit, devant lequel est dressée une table à trois pieds; c'est la *mensa tripes* qui figure sur les bas-reliefs grecs représentant le *Banquet funèbre*. Eros, tourné à gauche, s'appuie sur le coussin du lit, et du bras droit tient Psyché embrassée. Psyché, le buste nu et portant les ailes de papillon, le bas du corps drapé, entoure de son bras gauche le col d'Eros, et tourne la tête vers le jeune dieu. Elle étend la main droite vers un petit génie ailé, figuré au pied du lit, qui se baisse pour saisir un *prochoos* de grandes dimensions.

B. Trois satyres barbus, à queue de cheval, tournés à droite et dansant.

Ce vase a été publié par M. Heydemann, *Archæologische Zeitung : neue Folge*, 1869, pl. 15. C'est le seul exemple connu jusqu'à présent de la représentation d'Eros et Psyché sur les vases peints.

SECTION IV.

MONUMENTS FUNÉRAIRES.

LES SARCOPHAGES ET LES PEINTURES MURALES.

Nº 116. — *Sarcophage qui se trouve à Arles dans une maison particulière.*

La face antérieure est divisée en deux parties par un cartouche sans inscription.

1ʳᵉ partie, à gauche du cartouche.

Deux génies ailés, vêtus de chlamydes et la tête ceinte d'une bandelette, sous un arbre. Le premier, à gauche, est debout, et tient une couronne de la main gauche. Le second est assis; il tient de la main gauche une torche renversée, et étend la main droite vers les personnages de la seconde partie.

Millin reconnaît dans la figure assise le *Génie de la Mort*; au-dessus de sa tête, une guirlande de fruits (pavots?).

2ᵉ partie, à droite du cartouche.

Psyché, portant des ailes de papillon, vêtue de longues draperies et la tête ceinte de bandelettes, s'avance et tient un doigt élevé devant sa bouche en signe de silence. Elle est conduite par un génie qui tient de la main gauche une corbeille de fleurs. Il a la tête ceinte de bandelettes.

La face postérieure représente deux personnages assis.

Millin, *Voyage dans le midi de la France*, t. III, p. 626, pl. LXIX, fig. 13.
Wieseler, *Alte Denkmäler*, t. II, pl. LIV, nº 682.
Otto Iahn, *Archäologische Beiträge*. S. 176.
Lenormant, *Annali dell' Instituto*. 1845, p. 222.

N° 117. — *Stèle funèbre. Musée du Capitole. Salle des inscriptions.*

(Elle est encastrée dans le mur).

Le haut de la stèle est occupé par un petit bas-relief très-grossier. Le relief des figures est faible. Elles ont été taillées au ciseau dans l'épaisseur du marbre.

Le bas-relief se compose : 1° d'un buste de la personne morte ; 2° de deux figures qui l'encadrent : à gauche, Psyché ; à droite, Eros.

Le fond du bas-relief est une coquille, dont les bords, entourant les trois personnages, limitent la partie du marbre qui a été travaillée.

Dans la partie inférieure de la stèle se trouve l'inscription :

D. M.
OTACILIAE · FORTV
NATAE · Q. V. A. XXIIII ·
M· III. D. XXI· Q· IVLIVS
PARTHENOPAEVS
CONIVGI · B· M· FEC·

N° 118.   *Fragment de sarcophage. Vatican.*

Encastré dans le mur du musée Chiaramonti. N° 153.

A gauche, génie ailé, vêtu de la chlamyde, volant de droite à gauche. Type commun des génies qui, sur beaucoup de sarcophages, soutiennent le médaillon central. Les mains manquent.

A droite, un palmier, et Psyché seule. Elle est coiffée en bandeaux enroulés, réunis sur le sommet de la tête en nœud. Ailes de papillon. Elle est vêtue d'une tunique talaire qui laisse à découvert l'épaule droite. Elle est tournée de gauche à droite, et avance la main gauche. Le bras droit est élevé vers un papillon qui vole au-dessus de sa tête.

Le bas-relief est brisé de trois côtés ; le bord supérieur est seul intact.

Il manque à la figure de Psyché les deux mains, et le bas du corps à partir des genoux.

Travail grossier.

N° 119. — *Cippe funéraire du cabinet de M. de Saint-Vincens.*

Psyché assise.

Au milieu de la face antérieure, une figure de femme est assise, la jambe gauche pliée, et le pied gauche appuyé sur la pierre qui lui sert de siége. Sa tête est inclinée. Le menton repose sur la main gauche. Ailes de papillon ; type de Psyché.

Au-dessus, un jeune homme vêtu d'une chlamyde est à demi-couché, et tient un bâton (*pedum?*) de la main droite.

Sur la base du cippe, on lit l'inscription :

ZHΝΩΝΙ   Ζηνωνί , χρηστὴ κὲ

ΧΡΗCΤΗ ΚΕ   ἄλυπε χερε , (χαῖρε)

ΑΛΥΠΕ ΧΕΡΕ   ζήσασα ἔτη οϓ ·

ZHCACA ETH

OΓ

La forme des lettres et l'orthographe indiquent qu'elle est du troisième siècle de notre ère.

Millin, *Voyage dans le midi de la France*, t. II, p. 229, pl. XXXVI, nᵒ 1.
Cf. R. Rochette, *Mon. inédits*, t. I, p. 226.
Pour l'inscription, Voyez *Corpus Inscr. Græc.*, nᵒ 6934.

Millin a fait erreur dans le commentaire de l'inscription. Il a pris le nom de Zénonis pour celui d'un homme, n'ayant pas observé que le mot ζήσασα indique nettement une femme. Le nom de Ζηνωνίς ne se trouve qu'à Sidon, et il n'y pas de doute sur l'origine sidonienne de ce monument. Cf. Renan, *Mission de Phénicie*, p. 380, 381.

N° 120. — *Fragment de sarcophage. Vatican. Cour della Pigna.*

Ce fragment de sarcophage se trouve adossé au mur du musée *Chiaramonti*, près du *Braccio Nuovo*. L'angle de droite et une partie de la face antérieure sont seuls conservés.

Sur la face, une guirlande de fruits entourée de bandelettes.

Psyché occupe l'angle du sarcophage. Elle est vêtue d'une tunique talaire et d'un péplos serré par une ceinture. Ailes de papillon. Une des mains tient un pli de sa robe; l'autre pend le long du corps. La figure est sculptée dans l'angle du sarcophage, et entame une partie de la face en retour.

Travail grossier.

N° 121. — *Deux sarcophages trouvés à Saïda (Phénicie). Jardin de Hoss.*

Ces sarcophages sont cités par M. E. Renan, *Mission de Phénicie*, p. 380. Voici la description qu'il en donne :

« Quant aux sarcophages sculptés, la représentation la plus ordinaire qu'ils offrent, en particulier dans le petit tympan de l'extrémité, est une Psyché pensive, la figure appuyée sur une main, l'autre main abandonnée. On voit deux jolis fragments de ce genre dans le jardin de Hoss. » (*Loc. cit.*)

Nº 122. — *Sarcophage. Vatican. Musée Pio-Clementino. Salle du Méléagre.*

Sarcophage de petites dimensions. Sur la face antérieure, un génie tient deux longues guirlandes de fruits ornées de bandelettes. Dans l'espace laissé vide par la courbe des guirlandes, deux génies montés sur des dauphins, à droite et à gauche.

Couvercle du sarcophage. Face antérieure.

Aux deux extrémités, un masque tragique. Deux génies ailés, derrière lesquels est tendue une draperie, soutiennent un lit funèbre, où repose une figure de femme endormie, dans une attitude calme. Elle est drapée à mi-corps. On peut distinguer des ailes de papillon, indiquées par un relief très-faible. Elle a le type de Psyché. Les cheveux sont partagés en boucles qui retombent.

Nº 123.   *Sarcophage du musée de Latran. IVᵉ salle.*

Sarcophage strié, en marbre italien. Les petites dimensions de ce sarcophage font croire qu'il était destiné à un enfant. La face antérieure porte un médaillon vide, préparé pour un buste ou pour une inscription.

Au coin de gauche de la face antérieure est assise Psyché. Elle porte des bracelets aux poignets, un péplos serré à la taille par une ceinture, et une tunique talaire. Elle a un oiseau (colombe?) dans son giron. On peut voir aux épaules la trace des ailes de papillon qui ont disparu. Bandeaux et nœud de cheveux.

Au coin de droite, Eros est assis sur un rocher. Il a la main gauche appuyée sur l'épaule droite, et sa tête y repose. Il tient une couronne de la main droite.

A ses pieds, dans une sorte de gîte, un lièvre mange des fruits. — La pupille est indiquée dans les yeux des deux figures.

> O. Benndorf et R. Schœne, *Die antiken Bildwerke des Lateranensischen Museums.* Nº 128.

Nº 124.   *Vase de marbre du prince Belvedere, à Naples.*

Sacrifice funèbre offert par deux époux. Une prêtresse verse de la main droite, sur un autel allumé, le contenu d'une patère. De l'autre côté, deux époux, en costume hellénique, témoignent par leur contenance qu'ils prennent part au sacrifice. Derrière eux, un génie, nu et ailé, s'appuie sur un flambeau renversé. A côté de lui, sur un cippe, se trouve un cygne, emblème d'apothéose.

Dans l'autre partie de la composition, deux génies, également nus et ailés, s'appuient sur leurs flambeaux renversés, et tiennent entre eux un papillon en détournant la tête.

Une urne cinéraire, décorée d'une inscription et placée sur un cippe, à l'extrémité du bas-relief, donne à cette scène une signification funèbre.

Raoul Rochette, *Monuments inédits*, p. 227-228, pl. XLII. A.

Nº 125.   *Cratère de marbre du palais Chigi. Rome.*

Eros est debout sur une sorte de socle, et de la main droite tient un papillon au-dessus de la flamme de sa torche, appuyée contre le socle. Il détourne la tête et s'essuie les yeux de la main gauche.

A sa droite se tient une figure de femme drapée, vêtue d'une tunique à longs plis droits et d'un péplos. Elle a une main sur son sein ; de l'autre, elle tient une branche d'arbre chargée de fruits. — A gauche d'Eros, une autre femme, également vêtue d'une tunique et d'un péplos : elle tient de la main droite une fleur, de l'autre un rameau. Derrière elle se voit un arbre (laurier ?), avec une statuette.

Otto Iahn (*Archæologische Beitr.*) donne à ces deux figures les noms de *Némésis* et d'*Elpis*.

> Guattani, *Monumenti inediti*. 1784, t. II et III.
> Visconti, *Opp. var.*, I, 8.
> Zoëga, *Abhandlungen*. Taf. V, nº 13.
> Hirt, *Abhandlungen der Berliner Akad.* 1812-1813, p. 103. Taf. nº 8.
> Otto Iahn, *Archäologische Beiträge*, p. 149, folg.
> Cf. Creuzer, Taf. 37. — Gerhard, *Prodromos*, p. 203. — Wieseler, *Alte Denkmäler*, t. II, pl. LIII, nº 670.

Nº 126. — *Monument de forme quadrangulaire. Musée Pio-Clementino.*

Visconti croit que c'est un autel sépulcral.

Les quatre faces du monument sont décorées de bas-reliefs.

1º *Face antérieure.*

Un personnage barbu, soutenu par un faune, s'apprête à se mettre à table. Un faune le déchausse. A gauche, une table, et un lit où sont couchés deux personnages. A droite, cortége bachique composé de cinq personnes. Dans le coin de droite, une statue de Priape avec phallus.

2º *Faces latérales.*

D'un côté, un homme assis au pied de la statue d'Elpis (suivant Otto Iahn, *Archæologische Beitræge*, p. 152) trait une chèvre, que tient une femme.

De l'autre, une femme assise et un homme debout, appuyé sur un bâton, regardent une biche qui allaite son faon. Dans le coin de droite, une statue d'Hercule.

3º *Face postérieure.*

Deux génies ailés brûlent un papillon qu'ils tiennent chacun par une aile, au-dessus de deux torches allumées, placées contre une sorte de trépied. Ils détournent la tête en pleurant et s'essuient les yeux.

A droite du groupe central, un centaure, tenant le *pedum*, porte en croupe un joueur de lyre, assis sur une peau de tigre. A gauche, un autre centaure, tenant un thyrse et vêtu de la chlamyde, porte en croupe une bacchante, vêtue de la nébride, qui semble prête à descendre. Le centaure, un genou en terre, lui offre l'appui d'une de ses mains.

> *Museo Pio-Clementino.* T. IV, pl. 25.
> Otto Iahn, *Archäologische Beiträge.* 5, 152. folg.
> Zoëga, *Abhandlungen.* Taf. III, 7, et Taf. IV, 9.
> Gerhard et Platner, *Beschreibung Rom's*, II, 2, 97. folg.

No 127. *Sarcophage.*

La face antérieure est partagée en trois compartiments :

1er *compartiment* (de gauche à droite).

Une guirlande de fruits. Au-dessous, un génie ailé, près d'un autel couronné de fleurs. Il tient de la main droite une torche enflammée, à laquelle il brûle un papillon qu'il tient par les ailes.

2e *compartiment.*

Partie supérieure : un cartouche, avec l'inscription :

PVBLILIV SEVEREANV
ET BLOLO FILIVS.

Partie inférieure : un petit génie, non ailé, vêtu d'une tunique, tient un porc. A droite, un génie nu, ailé, tient par les ailes un papillon, au-dessus du porc ; de la main gauche il tient un canthare. — A droite, un génie ailé porte de la main droite une colombe ; de la gauche, une grappe de fruits.

3e *compartiment.*

Un génie ailé, endormi, la tête appuyée sur sa main droite, qui pose sur l'épaule gauche. La main gauche tient une couronne. Il est appuyé sur un flambeau renversé. La jambe droite est croisée sur la jambe gauche. Au dessus de sa tête, un arc et un carquois.

> *Monumenta Mattheiana*, III, 60, 3.
> Zoëga, *Abhandlungen*, p. 378 et suiv.
> Gerhard, *Beschreibung Rom's*, II, 2, p. 252 et suiv.
> Otto Iahn, *Archäologische Beiträge*, p. 144 et suiv.
> Gerhard, *Archäologische Zeitung.* N. F. 1848, p. 339. folg. *Ibid.* Taf.
> XXII, n° 1.

No 128. — *Bas-relief provenant d'un sarcophage. Trouvé à Rome « al pelegrino apresso S. Lucia incontro la casa del Francesco Dias; » publié d'après un dessin de Pighius, qui se trouve à la Bibliothèque royale de Berlin.*

Au centre, une jeune fille portant des ailes de papillon, vêtue d'une courte tunique serrée à la taille par une ceinture, et les cheveux relevés en nœud, enchaîne un génie ailé, nu, les mains ramenées derrière le dos. La jeune fille porte des périscélides ; elle a le type de Psyché.

Une autre jeune fille, drapée à mi-corps et portant des ailes de papillon, brûle à la flamme d'une torche l'arc et le carquois d'Eros. Une troisième figure, drapée entièrement, regarde la scène. On reconnaît dans cette scène centrale Eros enchaîné et désarmé par deux Psychés.

A gauche de ce groupe, un Amour assis est accoudé sur sa lyre ; deux autres, debout, ailés, vêtus de chlamydes, semblent le plaindre.

A droite, un Amour ailé, vêtu de la chlamyde, pleure, en tenant une main devant son visage. Un autre assis, et un troisième debout, assistent tristement au triomphe des Psychés.

> Otto Iahn, *Berichte der königl. Sächs. Gesamm. der Wissenschaften. Phil. Hist. Cl.* 1851. Taf. V.
>
> Cf. *Apuleij Psyche et Cupido.* Ed. de Iahn, p. 74. — Wieseler, *Alte Denkmäler*, t. II, pl. LV, nº 694. — Guigniaut, *Religions de l'antiquité*, CV bis, nº 409 d.

Nº 129. — *Bas-relief provenant sans doute d'un sarcophage. Villa Albani (rez-de-chaussée, IIᵉ cabinet). Marbre de Luni.*

Eros et Psyché se tenant embrassés.

A gauche, on voit une figure de femme, vêtue d'une longue tunique talaire laissant à découvert la jambe gauche, et d'un péplos serré par une ceinture. Elle est ailée. Une main est élevée vers le ciel ; de l'autre elle tient un objet difficile à distinguer, qui peut être une sorte de *vexillum* ou une trompette à long tube. Elle a le type des Renommées. Elle regarde vers le groupe de Psyché et d'Eros. A sa droite, l'arc et le carquois d'Eros.

Eros et Psyché se tiennent embrassés. Ils occupent le milieu du bas-relief. Eros est ailé et embrasse Psyché dans l'attitude habituelle. Psyché est vêtue d'une tunique talaire et d'un péplos à ceinture dégageant l'épaule gauche. Elle porte des ailes de papillon. Sa coiffure est celle qui se retrouve souvent : bandeaux enroulés et réunis en nœud. Elle a les jambes croisées.

Le coin droit du bas-relief est occupé par un génie ailé, vêtu de la chlamyde, qui semble s'éloigner du groupe, et tient une torche des deux mains.

Le bas-relief est de petites dimensions ; la partie gauche est très-fruste.

Il porte le nº 195 du catalogue de Morcelli, Fea et Visconti.

> Gerhard, Platner, etc., *Beschreibung Rom's*, t, III, 2, p. 498.

N° 130. — *Bas-relief provenant sans doute d'un sarcophage. Villa Albani. II° cabinet du rez-de-chaussée. Marbre de Luni.*

Même sujet.

Ce monument est une réplique du précédent, avec des variantes.

A gauche, un génie ailé, vêtu de la chlamyde, tient d'une main un long flambeau ; de l'autre, élevée, un objet difficile à reconnaître.

Le groupe d'Eros et Psyché, identique au précédent, occupe le milieu du bas-relief. Il est disposé symétriquement avec le groupe du numéro précédent. L'arc et le carquois d'Eros sont à sa gauche.

La figure de femme ailée, reproduisant le type des Renommées, occupe le coin de droite du bas-relief. Elle a les mêmes attributs. A ses pieds gît une corne d'abondance.

Ces deux bas-reliefs devaient appartenir au même monument. Peut-être décoraient-ils la face antérieure d'un sarcophage de petites dimensions. Le travail en est médiocre.

Ce monument porte le n° 188 du catalogue de Morcelli, Fea et Visconti.

Gerhard, Platner, etc., *Beschreibung Rom's*, III, 2, p. 498.

N° 131.   *Cippe funéraire.*

Eros et Psyché se tiennent embrassés. Psyché a les bras passés autour du cou d'Eros.

Au-dessous, on lit l'inscription :

CALLIPPO . F.   HELPIDI . F.

Spon, *Recherches curieuses d'antiquités*, etc., p. 94, 7.
Id., *Miscellanea eruditæ antiquitatis*, p. 7, 7.
Otto Iahn, *Archäologische Beiträge*, p. 165, note 174.

N° 132.   *Sarcophage. Musée de Pesth.*

Le milieu de la face antérieure est occupé par un médaillon vide, qui devait contenir une inscription.

Le groupe de Psyché et d'Eros se trouve répété deux fois. Il offre cette particularité, que les contours des figures, ainsi que les cheveux et les yeux, sont dessinés à la couleur rouge.

Les faces latérales sont ornées des sujets suivants.

D'un côté, Apollon assis sur un griffon et tenant une lyre ; près de lui, Marsyas attaché à un arbre ; à ses pieds, un Phrygien, à genoux, tient un couteau. Les figures sont dessinées en rouge. Le manteau du dieu est rose. La lyre, les vêtements du Phrygien et le tronc de l'arbre sont peints en jaune.

L'autre face offre un vase d'où sortent des rameaux de vigne. Il est peint sur un fond rouge.

Bulletin de l'Institut archéologique. Année 1848, p. 22.

N° 133.   *Sarcophage. Campo Santo de Pise.*

Le milieu de la face antérieure est occupé par un médaillon contenant un buste en relief d'homme drapé dans un manteau. Il est soutenu par deux génies ailés, vêtus de chlamydes. A leurs pieds se trouvent un arc et un carquois.

Sous le médaillon, on voit deux génies ailés, très-mutilés.

A droite et à gauche du sujet central est répété le groupe de Psyché et Eros se tenant embrassés. Ils sont séparés des génies qui portent le médaillon par des lauriers. L'attitude et les gestes sont ceux de tous les groupes de cette série. Psyché porte une tunique et un péplos.

A chaque angle du sarcophage, un génie ailé, vêtu d'une chlamyde et tourné vers le dehors, tient un flambeau.

Les deux faces latérales sont décorées de griffons.

Ce sarcophage a souffert. Il a été employé à l'époque chrétienne, comme le prouvent les deux inscriptions en italien qui ont été gravées par-dessus les sujets des faces latérales.

Il a été publié par Lasinio, *Raccolta di sarcofagi,* etc., *del Campo Santo di Pisa.* T. CXXXIX.

N° 134.   *Fragments de sarcophage. Villa Medici. Rome.*

Double groupe d'Eros et Psyché se tenant embrassés.

Ces deux groupes proviennent d'un même sarcophage, dont le milieu était strié. Ils ont été raccordés avec une partie de la face d'un autre sarcophage représentant des Néréides et des dieux marins.

Psyché et Eros se tiennent embrassés dans l'attitude ordinaire, avec les gestes et les attributs consacrés.

Ces fragments sont encastrés dans le mur qui soutient la terrasse, dans les jardins de la villa.

N° 135. — *Sarcophage. Cour du palais Giustiniani. Rome. Via della Dogana Vecchia.*

Ce sarcophage, de forme elliptique, est très-mutilé. Le milieu est occupé par un médaillon, soutenu par deux génies ailés, vêtus de chlamydes et volant.

Au-dessous, à gauche, une femme est à demi couchée. Elle est vêtue d'une tunique serrée par une ceinture, dégageant l'épaule gauche. Elle a des fleurs dans son giron. A côté d'elle se trouvent un fragment d'animal, où l'on reconnaît une chèvre, et une corbeille de fruits renversée.

La tête de cette figure est brisée. Elle a l'attitude et tous les attributs de la *Terre*.

A droite, un homme, vêtu d'une draperie à mi-corps, est à demi-couché. La tête est brisée, mais il y a des traces de barbe. Il tenait sans doute d'une main une tige de roseaux. On y reconnaît l'*Océan*. Un fragment de monstre marin est à sa droite.

De chaque côté de ces sujets se trouve répété le groupe d'Eros et Psyché, engagé dans la courbe de l'ellipse que forme le sarcophage. Eros tient Psyché embrassée par le geste habituel. Le type de Psyché est celui des monuments précédents. Elle est vêtue d'une tunique serrée à la taille et d'une draperie.

A droite et à gauche, sur les parties en retour, un génie ailé tient dans ses bras un lièvre ; à ses pieds, des grappes de raisin. Un chien, dans le groupe de gauche, un lièvre dans celui de droite, courent après le génie.

Le travail est très-soigné ; mais l'art est médiocre.

N° 136. — *Bas-relief provenant d'un sarcophage. Palais Giustiniani. Via della Dogana Vecchia. Rome.*

Le milieu du bas-relief est occupé par une sorte de niche, formée de draperies tendues, et portées par deux couples de génie qui paraissent avoir été ajoutés après coup. Dans la niche est sculpté un enfant debout, en pied, vêtu d'une longue robe et tenant de la main gauche un *volumen*. Deux génies ailés, vêtus de chlamydes, tiennent les pans de la draperie.

Au-dessous d'eux sont représentés deux groupes : à gauche, une figure d'homme, demi-couchée, drapée à mi-corps ; on peut y reconnaître l'Océan, qui se trouve à cette même place sur beaucoup de sarcophages. Un génie est derrière lui ; un autre à cheval sur ses genoux. — A droite, une figure d'homme imberbe, drapée à mi-corps, à demi couchée, est appuyée sur une corbeille ; un génie est à cheval sur ses genoux ; à sa droite un cratère.

De chaque côté du sujet central est représenté le groupe d'Eros et Psyché se tenant embrassés, dans l'attitude et le costume ordinaires. Psyché est drapée à mi-corps ; elle porte des ailes de papillon dans le groupe de gauche.

Les deux figures d'hommes qui occupent les extrémités du bas-relief ont été ajoutées après coup.

Le bas-relief est encastré dans le mur du fond : cour du palais Giustiniani.

N° 137. — *Sarcophage. Cour du palais Giustiniani, à Rome. (Via della Dogana Vecchia.)*

Eros et Psyché se tenant embrassés.

Au milieu de la face antérieure, deux génies ailés, volant, vêtus de chlamydes, soutiennent un médaillon contenant le buste en relief d'un homme vêtu d'une tunique et d'un manteau. A leurs pieds se voient un arc et un carquois.

A droite et à gauche de ce sujet central se trouve répété le groupe d'Eros et Psyché se tenant embrassés, dans l'attitude habituelle. Eros porte une chlamyde. Psyché, avec ses attributs ordinaires, est vêtue d'une tunique à ceinture dégageant l'épaule, et d'une draperie serrée autour des hanches. Elle porte une main au menton d'Eros.

Aux deux angles, un génie ailé, vêtu d'une chlamyde, tient les bras élevés au-dessus d'un trépied allumé qui le sépare du groupe d'Eros et Psyché.

Un cartouche, placé sous le médaillon central, devait contenir une inscription. Elle a été martelée.

Les faces latérales du sarcophage sont occupées par deux griffons.

Le monument a souffert. Il paraît être des bas temps.

N° 138. — *Bas-relief provenant d'une urne funéraire. Villa Albani.*

A gauche, on distingue l'encadrement d'un cartouche vide, destiné à recevoir une inscription.

A droite du cartouche se trouve un buste de femme en relief; elle est coiffée en gros bandeaux relevés. La coiffure paraît être celle du temps des Antonins. Elle est vêtue d'une tunique et d'un manteau.

Plus loin, un génie tient à deux mains une longue torche qu'il dirige vers le groupe d'Eros et Psyché.

Psyché tient Eros embrassé par le milieu du corps. Elle est vêtue d'une tunique et d'un péplos à ceinture dégageant l'épaule gauche. Elle porte des ailes de papillon et la coiffure habituelle. Eros, ailé, approche le visage de Psyché du sien par le geste ordinaire. A sa gauche, on voit son carquois et son arc.

Le bas-relief se termine par une ligne courbe. La surface plane s'infléchit légèrement en retour à l'extrémité.

Le travail est très-grossier; le relief faible. Le style des figures est tout à fait barbare.

Ce bas-relief n'a pas été publié. Il est indiqué, sans être décrit, sous le titre de *Fragment de bas-relief*, au n° 298 du catalogue de Morcelli, Fea et Visconti. Il est encastré dans le mur de l'allée de cyprès qui conduit des cabinets du rez-de-chaussée à l'hémicycle.

N° 139. — *Bas-relief provenant d'une urne funéraire. Musée Chiaramonti (Vatican).*

Ce bas-relief est orné de masques tragiques dans les deux angles. Il se compose, en outre, d'un encadrement rectangulaire divisé en deux parties par un cartouche vide, destiné à recevoir une inscription.

1re partie de l'encadrement :

Groupe d'Eros et Psyché se tenant embrassés, dans l'attitude habituelle. Eros approche de son visage celui de Psyché, qui l'embrasse à mi-corps. Psyché a des ailes de papillon ; elle est vêtue d'une longue tunique serrée par une ceinture. Les cheveux, grossièrement indiqués par des hachures dans le marbre, sont réunis en nœud.

A droite du groupe, un arbre, au pied duquel on voit un oiseau (canard ou dindon).

Un génie ailé, tenant le cartouche, complète la série des sujets de la première partie :

2º partie.

A droite du cartouche les mêmes sujets se trouvent répétés, mais non symétriquement. Le groupe d'Eros et Psyché est reproduit, sans être retourné.

Le travail est grossier. Le relief des figures est très-faible ; beaucoup des détails sont dessinés au trait. Le style est celui de la basse époque.

Ce bas-relief porte le nº 95 (*Catalogue des sculpt. des musées du Vatican*).

**Nº 140. — *Sarcophage en marbre strié. Musée lapidaire. Vatican.*
*IIᵉ compartiment. Nº 14.***

Face antérieure.

Au milieu se trouve le groupe d'Eros et Psyché. Psyché est vêtue d'une tunique serrée à la taille, dégageant l'épaule gauche. Les cheveux sont réunis en nœud. Elle a des ailes de papillon. Eros la tient embrassée, dans l'attitude habituelle.

A l'angle de droite, une femme (bacchante?) vêtue d'une longue tunique et d'un péplos. Une draperie flotte au-dessus de sa tête.

A l'angle de gauche, un faune portant un enfant, peut-être Bacchus.

Les faces latérales sont décorées de griffons.

Travail soigné. Mais le style est des bas temps, et se reconnaît en particulier au développement exagéré des hanches.

**Nº 141. — *Bas-relief provenant d'un sarcophage. Villa. Albani.*
*Marbre grec.***

Le milieu du bas-relief est occupé par un groupe d'Eros et de Psyché se tenant embrassés.

Psyché a des ailes de papillon. Ses cheveux, enroulés en bandeaux, sont réunis en nœud sur le sommet de la tête. Elle est vêtue d'une tunique dégageant l'épaule gauche, serrée à la taille, et d'une draperie nouée autour des hanches. Eros, ailé, tient Psyché embrassée. Geste et attitude habituels.

A droite et à gauche du groupe, un même sujet se trouve répété : c'est un génie, tenant une guirlande de fruits et de fleurs, dont la courbe encadre des masques bachiques couronnés de pampres.

Travail médiocre. Les yeux des figures sont bridés; les chevelures grossièrement traitées.

Ce bas-relief porte le n° 645 du catalogue de Morcelli, Fea et Visconti.

N° 142. — *Sarcophage de marbre de Paros. Campo-Santo de Pise.*

Sarcophage strié. Au milieu, un groupe d'Eros et Psyché est encadré dans une décoration architecturale. Elle se compose de deux demi-colonnettes à bases et à chapiteaux composites. Elles supportent un arc de cercle formant deux acrotères qui contiennent des sujets en relief : à gauche, un bige ; à droite, un char attelé d'un cheval.

Dans l'espace libre entre les deux colonnettes, on trouve un groupe d'Eros et Psyché supporté par un piédestal. Psyché a des ailes de papillon ; elle est vêtue d'une tunique talaire à ceinture, et d'une draperie nouée autour des hanches. Eros, ailé, la tient embrassée, avec le geste habituel. Psyché a un bras passé autour de son cou. La jambe droite d'Eros a été martelée.

A l'angle de droite, un homme barbu, vêtu de la toge, se tient debout auprès d'une petite table supportée par une statuette de femme (c'est peut-être un brasier).

A l'angle de gauche, deux femmes vêtues de tuniques talaires semblent accomplir un sacrifice. A côté d'elles se trouve un brasier supporté par une statuette de femme.

Le travail est soigné.

> Lasinio, *Raccolta di sarcofagi*, etc., del *Campo-Santo di Pisa* (Pise, 1814). Tav. XVII.
> Cf. Morrona, *Pisa illustrata.*

N° 143. *Sarcophage. Villa Borghèse.*

Ce sarcophage est de petites dimensions.

Face antérieure.

Au milieu, deux génies ailés, volant, sans chlamyde, soutiennent un médaillon qui contient le buste en relief d'un enfant vêtu d'une robe.

Au-dessous du médaillon, deux carquois et deux griffons qui mangent des fruits dans deux corbeilles couchées, accolées par le fond.

De chaque côté de ce sujet central, un groupe d'Eros et Psyché se tenant embrassés. Psyché a des ailes de papillon ; elle est vêtue d'une tunique talaire, serrée à la taille par une ceinture. Elle a une main posée sur les flancs d'Eros, qui attire à lui la tête de Psyché par le geste habituel.

Travail grossier. Style des bas temps.

Ce sarcophage se trouve dans une grotte en hémicycle, ornée de fragments de sculptures (parc de la villa Borghèse).

N° 144. — *Lampe funèbre trouvée en dehors de la Porta Portese.*

Eros et Psyché se tenant embrassés.

Psyché a des ailes de papillon : c'est le type consacré. Eros la tient étroitement embrassée. A gauche d'Eros une torche funèbre, qui tombe comme si elle venait d'échapper de ses mains.

Publiée par Bartoli et Bellori, *Lucerne antiche*, etc. N°.7.

N° 145. — *Cippe sépulcral. Musée de Florence. Ce cippe se trouvait à Rome, à la villa Mediei. Il a été transporté, en 1783, au musée de Florence.*

Même sujet.

Au milieu de la face antérieure, un bas-relief représente Eros et Psyché se tenant embrassés. Psyché est figurée tout enfant. Elle a les cheveux courts. Elle est vêtue d'une tunique talaire et d'un péplos à manches courtes. Elle porte des ailes de papillon.

Sur le cippe, on lit l'inscription :

Θ.   K.

ΙΟΥΛΙω . ΘΕΟΠΡΟΠω

Τω . ΤΕΚΝω . ΘΗСΕΥС

ΚΑΙ . ΕΥΡΥΔΙΚΗ

ΟΙ . ΓΟΝΕΙС . ΕΠΟΙΗСΑΝ.

Elle est publiée par Gruter, p. 698, n° 8.

Reale Galleria di Firenze, t. IV, 44.
Otto Iahn, *Archäologische Beiträge*, p. 165, note 174.

N° 146. — *Fragment de bas-relief. Vigna Codini. Rome (Voie Appienne à l'intérieur de la ville).*

De ce bas-relief très-mutilé, qui provient sans aucun doute d'un sarcophage, il ne reste que la main de Psyché qui tient le menton d'Eros, et une très-faible partie du corps d'Eros.

Il est facile de restituer le groupe d'Eros et Psyché dans l'attitude habituelle, avec cette variante assez fréquente, que Psyché amène à elle la tête d'Eros.

Ce fragment est encastré dans le mur oriental du *Columbarium* dit des Affranchis d'Auguste.

N° 147. *Fragment de bas-relief. Rome. Vigna Codini.*

Eros et Psyché se tenant embrassés dans l'attitude habituelle.

Ce bas-relief est très-mutilé. Il manque : tout le corps de Psyché, à partir de l'attache des bras ; le corps d'Eros, depuis les hanches.

Il est encastré dans le mur septentrional du *Columbarium* dit des Affranchis d'Auguste. Il provient à coup sûr d'un sarcophage.

N° 148. *Sarcophage. Vigna Codini. Rome.*

Au milieu de la face antérieure, deux génies ailés soutiennent un médaillon, avec l'inscription suivante :

D. M.
CLAVDIAE
PAVLINAE
CONIVGINCOM
PARABILI FECIT
L. ANTONIVS
PRIMIGENIVS

Au-dessous du médaillon, sur le rebord du sarcophage :

VIXIT ANN. XXIII.

Aux deux angles du sarcophage est répété le groupe d'Eros et Psyché se tenant embrassés.

Psyché a des ailes de papillon. Elle est vêtue d'une tunique talaire et d'un péplos dégageant l'épaule. Elle a les jambes croisées ; elle tient Eros embrassé par le milieu du corps. Eros amène à lui le visage de Psyché par le geste habituel.

Travail grossier. Style des bas temps.

Ce sarcophage se trouve dans le jardin, près du *Columbarium* dit des Affranchis de Pompée.

N° 149 *Sarcophage. Ostie. Trouvé à Porto Trajano.*

Le milieu du sarcophage est occupé par un médaillon rond, où figure le buste d'un jeune garçon, la main passée dans son manteau.

De chaque côté, un compartiment où se voit un vase, et au-dessous deux colombes.

Chacune des extrémités du sarcophage offre la représentation de

28

Psyché et d'Eros se tenant embrassés dans l'attitude habituelle, avec les attributs consacrés.

La forme du vase et les deux colombes pourraient permettre d'attribuer à ce monument une origine chrétienne.

(Ce monument et les deux suivants m'ont été communiqués par M. Homolle, membre de l'Ecole d'Athènes).

N° 150. — *Fragment de sarcophage de marbre blanc, à Ostie. Trouvé à Porto Trajano.*

Hauteur : 0,67 c. Hauteur du champ : 0,43 c.
Longueur en haut du fragment : 0,60 c. ; pour le bas, 1ᵐ,21.
La partie qui reste du sarcophage est celle de droite. A l'extrémité du sarcophage. Eros et Psyché se tiennent embrassés. Eros, dont la tête a été brisée, attire à lui des deux mains la tête de Psyché. Psyché, coiffée en corymbe, tient de la main droite un flambeau très-long, symbole d'hymen. Elle est vêtue d'une robe serrée à la taille et d'un manteau.

A gauche du groupe, un génie féminin, ailé, vole à gauche ; il tient d'une main un pan de sa chlamyde. Au-dessous de lui, on voit une couronne, un paon et des fleurs. Il soutenait de la droite un médaillon contenant le portrait du mort.

Travail médiocre.

N° 151. — *Sarcophage. Marbre blanc. Trouvé dans la vigne du cardinal Pacca.*

Hauteur : 0,44 c. Hauteur du champ : 0,39 c.
Longueur : 1ᵐ,80. Profondeur : 0,44 c.
Au milieu, deux génies ailés soutiennent un médaillon formé de guirlandes, où se trouve le buste en relief du mort. Sous le médaillon, deux corbeilles renversées, d'où s'échappent des fleurs et des fruits. Sous le génie de droite, un carquois ; un arc sous celui de gauche.

A chaque extrémité du sarcophage se trouve représenté le groupe d'Eros et Psyché se tenant embrassés dans l'attitude habituelle. Psyché est vêtue d'une tunique talaire et d'un péplos dégageant l'épaule.

Travail élégant et assez fin. Mais les prunelles sont partout indiquées.

N° 152. — *Fragment de sarcophage encastré dans un mur près du monastère d'Aquilée.*

Eros et Psyché.

Eros et Psyché se tiennent embrassés : l'un a des ailes de papillon ; Psyché a des ailes d'oiseau.

La tête et les jambes des deux personnages manquent. A droite et à gauche est figurée une colonne.

Bertoli, *Antichità di Aquileja*, p. 39, planche 27.

N° 153. — *Fragment de bas-relief provenant d'un sarcophage. Palais épiscopal d'Ostie.*

Eros et Psyché se tenant embrassés.

Eros amène le visage de Psyché près du sien.

La tête de Psyché seule est visible. Elle a la coiffure habituelle. Le personnage d'Eros est très-mutilé.

Ce fragment est encastré dans le mur de la salle basse du palais.

Travail grossier. Art des bas temps.

N° 154. *Sarcophage. Marbre de Luni. Villa Albani.*

Ce sarcophage, de forme ovale, est strié. Au milieu de la face antérieure, les courbes supérieures de deux stries, se coupant en sens contraire comme deux S accolées, forment une sorte de cadre qui est rempli par un groupe de Psyché et d'Eros se tenant embrassés.

Le groupe est de très-petites dimensions. Psyché, portant des ailes de papillon, drapée à demi, les jambes croisées, a la tête penchée vers Eros. Ses cheveux sont partagés en boucles flottantes. Elle s'incline vers Eros, dont elle entoure le cou de ses deux bras. Eros tient Psyché embrassée par le milieu du corps.

Le groupe est un peu fruste. Il y a beaucoup de grâce dans l'attitude des deux personnages.

Aux deux extrémités du sarcophage se trouvent : à gauche, un lion terrassant une gazelle; à droite, un lion dévorant un cheval. Ce sujet est fréquent sur les sarcophages (Cf. Gerhard, *Antike Bildwerke*, Taf. LXXVIII, 2. *Ibid.*, Taf. LXXIX, 1 et 2. *Ibid.*, Taf. LXXX, 1. — Texier, *Description de l'Asie Mineure*, II, pl. 112. Cf. aussi le sarcophage nouvellement découvert dans la basilique de SS. Nerée et Aquiléo). C'est un symbole oriental.

Ce sarcophage porte le n° 879 du catalogue de *Morcelli, Fea* et *Visconti.*

N° 155. — *Fragment de bas-relief provenant d'un sarcophage. Eglise de Sainte-Agnès hors les murs. Rome.*

Ce fragment se compose d'une partie de la face antérieure, en marbre strié, et d'un petit bas-relief représentant le groupe d'Eros et Psyché.

Ce groupe est encadré dans la courbe que forment deux stries se coupant en sens contraire, comme dans le sarcophage précédent.

Eros et Psyché se tiennent embrassés, dans l'attitude habituelle. Eros attirait à lui le menton de Psyché ; mais le bras est brisé. Psyché portait des ailes de papillon ; elle tenait Eros embrassé par le milieu du corps. Elle est vêtue d'une draperie serrée autour des hanches. Les cheveux sont enroulés en bandeaux et réunis en nœud.

Travail grossier.

Ce fragment est encastré dans le mur de gauche de l'escalier qui conduit à l'église.

Nᵒ 156. — *Sarcophage. Cortile du palais Corsini. Rome. Via Lungara.*

Description de gauche à droite :

1ᵒ Un génie ailé, vêtu de la chlamyde, porte de la main gauche une corbeille de fruits. A ses pieds gît une torche funèbre qui semble tombée de ses mains.

2ᵒ Groupe d'Eros et Psyché se tenant embrassés. Psyché (ailes de papillon) est vêtue d'une tunique talaire qui dégage l'épaule gauche ; une draperie, nouée par devant, entoure ses hanches. Elle a les jambes croisées. Elle tient Eros embrassé par le milieu du corps. Les cheveux sont réunis en nœud. Type ordinaire. — Eros approche le visage de Psyché du sien par le geste consacré. Il est ailé, vêtu d'une chlamyde. A sa droite, son arc et son carquois.

3ᵒ Deux génies ailés soutiennent un médaillon contenant le portrait du mort : personnage drapé, tenant un *volumen* de la main gauche. Ils tenaient des flambeaux, qui ont disparu.

Au-dessous, une divinité marine drapée à mi-corps. Une draperie, gonflée par le vent, s'arrondit au-dessus de sa tête. Elle est appuyée sur un dauphin. Devant elle, un génie ailé est debout. Les bras brisés ne permettent pas de reconnaître le geste.

4ᵒ A droite du médaillon qui occupe le milieu du sarcophage, les sujets 1 et 2 sont répétés symétriquement, avec une légère variante. Le génie qui occupe l'angle tenait de la main droite une tige de pavots, disparue aujourd'hui, qui passait par-dessus l'aile de Psyché.

Faces latérales ; deux griffons.

Travail soigné. Style des bas temps, reconnaissable au développement exagéré des hanches.

Nᵒ 157. — *Fragment de bas-relief provenant d'un sarcophage. Cour della Pigna. Vatican.*

Eros et Psyché se tenant embrassés.

Psyché (ailes de papillon, drapée à mi-corps, les jambes croisées), tient Eros embrassé, une main sur son épaule. Eros la tient par le milieu du corps. Psyché n'a pas la coiffure habituelle. Ses cheveux tombent en boucles sur l'épaule gauche.

Travail grossier. Les têtes sont trop fortes ; les yeux saillants et bridés. Style des bas temps.

Ce groupe, découpé dans un sarcophage, est encastré dans du ciment.

N° 158. — *Fragment de bas-relief provenant d'un sarcophage. Musée Chiaramonti. Vatican.*

Même sujet.

Psyché est vêtue d'une tunique laissant l'épaule droite à découvert. Elle a des ailes de papillon. Les cheveux sont enroulés en bandeaux et réunis sur le sommet de la tête. La jambe gauche est croisée sur la droite. Eros, d'une main, amène près de son visage celui de Psyché, en la tenant par le menton.

Derrière Eros on voit un vase plein de fleurs et un oiseau (paon?).

Travail grossier. Le style des figures est celui de la basse époque romaine.

Ce fragment porte le n° 522 (*Catal. des musées de sculpt. du Vatican*).

N° 159. — *Fragment de bas-relief provenant d'un sarcophage. Musée Chiaramonti. Vatican.*

Même sujet.

Psyché est vêtue d'une longüe robe, et par-dessus porte une tunique sans manches, serrée à la taille. Ailes de papillon. Eros tient Psyché embrassée, et d'une main attire à lui la tête de Psyché.

Il manque la tête et le bas du corps de Psyché ; les jambes d'Eros et la main qui tenait le menton de Psyché.

Travail grossier. Style des bas temps, reconnaissable à l'exagération des hanches des personnages.

Ce fragment porte le n° 514 (*Catal. des musées de sculpt. du Vatican*).

N° 160.   *Sarcophage. Villa Borghèse. Rome.*

Ce sarcophage se compose de deux parties raccordées après coup. Le couvercle et la statue de femme couchée, à laquelle il sert de base, appartenaient à un autre sarcophage.

A milieu de la face antérieure du sarcophage, deux génies ailés, vêtus de chlamydes flottantes et volant, soutiennent un médaillon où se lit l'inscription :

D· M·
L· TVLLIO · MIL
TIADI · FILIO·
VIXIT · ANNIS·
VIIII · MENS· X·
MATER · DULCIS·

Sous le génie de droite est placée une chienne aux mamelles pendantes ; sous celui de gauche se trouve un chien ouvrant la gueule.

A chacun des coins de la face antérieure, on voit le groupe d'Eros et Psyché se tenant embrassés. L'arc et le carquois d'Eros sont placés symétriquement entre chacun des groupes et le sujet central.

Psyché, portant des ailes de papillon, coiffée en bandeaux enroulés et réunis en nœud, tient Eros embrassé, une main posée sur ses flancs. Le travail est grossier. Les pieds des personnages sont longs et plats, relevés par un mouvement disgracieux.

Ce monument se trouve sous la loge du *Casino* et porte le n° 21.

N° 161.   *Sarcôphage. Londres. British Museum.*

Au milieu de la face antérieure sont représentées les noces d'Eros et de Psyché.

Eros et Psyché sont couchés sur un lit. Psyché, portant des ailes de papillon, est vêtue d'une tunique et d'une draperie. Eros, vêtu d'une chlamyde, la tient embrassée.

Au pied du lit est une ciste; à côté une table supportée par trois pieds ornés de griffons, sur laquelle est posé le poisson symbolique. A gauche, un génie nu, et tenant une grappe de raisin, joue avec un lapin.

> *British Museum*, t. V, pl. IX, fig. 3.
> Otto Iahn, *Apuleij Psyche et Cupido*, p. IX et 65.
> Guigniaut, *Les religions de l'antiquité*, pl. CII, n° 409.

N° 162. — *Petite frise provenant sans doute du couvercle d'un sarcophage. Eglise de Sainte-Agnès hors les murs. Rome. Via Nomentana.*

Les noces d'Eros et Psyché.

Les extrémités du bas-relief sont ornées de masques tragiques. Au milieu, Eros et Psyché, couchés, se tiennent embrassés. Psyché, vêtue d'une tunique et d'un péplos, approche de son visage celui d'Eros, qui, drapé à mi-corps, tient de la main gauche un objet difficile à distinguer. C'est sans doute un cratère, comme dans le sarcophage du *British Museum*, représentant le même sujet.

A gauche du groupe central, un génie ailé, drapé à mi-corps, est à demi-couché. A sa droite, un autre génie ailé, vêtu de la même façon, est appuyé sur le coude gauche. La tête repose sur la main droite, qui pose elle-même sur l'épaule gauche. Il tient à la main un objet difficile à reconnaître.

A droite du groupe de Psyché et d'Eros, un génie ailé, drapé à mi-corps, appuyé sur le coude gauche, paraît tenir un cratère. Plus loin, un génie ailé se baisse pour prendre dans une sorte de petite grotte un objet très-fruste, peut-être un lièvre.

Les figures ont un relief assez faible et témoignent d'un travail médiocrement soigné. Ce bas-relief offre un grand intérêt, à cause de l'analogie qu'il présente avec le sarcophage du *British Museum*.

Platner et Gerhard, *Beschreibung Rom's*, III, 2, p. 446.

N° 163. — *Sarcophage à Képhissia (Attique). Tombeaux dits de la famille d'Hérode Atticus.*

Marbre pentélique.
Face antérieure. A. 1re scène.

Eros et Psyché sacrifient sur un autel de forme quadrangulaire, porté sur des pieds, comme un trépied. Eros, tourné à droite, en chlamyde, porte de la main gauche un calathos chargé de fruits (figues, grenades, etc.); il abaisse la droite vers l'autel. A droite, Psyché (ailes de papillon, le bas du corps drapé) tient de la main gauche une pyxis; elle pose l'autre main, en rapprochant le pouce et l'index, sur un objet en forme de cône tronqué placé sur l'autel.

B. A droite : deux Eros semblent lutter l'un contre l'autre. A leurs pieds, deux colombes se becquetant.

C. A gauche : un Eros portant d'une main une corbeille pleine de fruits, de l'autre une torche, se détourne vers un autre Eros qui tient par les pattes de derrière un animal où l'on peut reconnaître un lièvre.

A droite et à gauche de ces sujets, deux Eros, portant des cornes d'abondance, ferment la composition et forment caryatides.

Faces latérales : sphinx femelle tourné à gauche, la patte droite appuyée sur un rocher.

Face postérieure : un génie ailé, avec encarpes et guirlandes encadrant un lion qui dévore un bœuf (sujet répété deux fois dans chacun des encarpes).

N° 164. — *Bas-relief provenant d'un sarcophage. Villa Borghèse. Rome.*

Une des extrémités, à gauche, est occupée par un masque tragique. Le sujet figuré se décompose en trois scènes :

A. (De droite à gauche.) Trois déesses, où l'on peut reconnaître Vénus, Junon et Cérès, forment un groupe ; Vénus est assise à gau-

che, le buste nu ; Junon à droite ; Cérès se tient debout au second plan.
A droite, Psyché, sans ailes, vêtue d'une courte tunique serrée à la taille
et chaussée de bottines, s'avance vers les trois déesses, les mains éten-
dues, dans l'attitude de la supplication (1). Elle est figurée petite fille,
d'une taille plus faible que celle des autres personnages.

B. (Extrémité de gauche.) Un géant barbu, le genou gauche posé sur
un rocher, soutient d'un bras.Psyché, qu'il élève dans les airs. Psyché
est vêtue d'une robe longue. Elle tient d'une main l'urne pleine de l'eau
du Styx, qu'elle tend à Vénus debout à droite. C'est la scène décrite par
Apulée (VI, 16), avec le détail du géant en plus. A gauche, un personnage barbu, de taille gigantesque, est assis sur un rocher, au pied d'un
arbre (laurier ou olivier). Il est probable qu'il faut reconnaître ici une
divinité locale, peut-être le dieu du Styx.

C. (Scène centrale.) Jupiter est assis sur son trône, le sceptre d'une
main, son foudre de l'autre. Il a un pied posé sur un globe. A droite,
Eros, sans ailes, s'appuie sur ses genoux et le regarde avec une expression caressante. Derrière lui se tient debout Junon, un sceptre à la
main. A gauche, Psyché, vêtue d'une tunique courte, tient à la main un
petit vase, probablement la pyxis de Proserpine (Apulée, VI, 17). A
côté de Psyché, Athéné, coiffée du casque, tient sa lance.

L'intérêt de ce monument est de représenter plusieurs scènes qui
paraissent empruntées au récit d'Apulée.

Publié d'après une photographie par M. Heydemann, *Archäologische
Zeitung. Neue Folge*, 1869. Pl. 16. Nos 1, 2 et 3.
Cf. Winckelmann, *Monumenti antichi inediti*, XVI, p. 15 et suiv. —
Raoul Rochette, *Mon. inédits*, 74. 1, p. 401. — Nibby, *Monumenti
scelti della villa Borghese*, XX, p. 76 et suiv. — *Beschreibung Rom's*,
III, 3, p. 244 et suiv.

N° 165. *Sarcophage. Musée du Capitole (?).*

Réplique du sarcophage précédent.
Voir Heydemann, *Archäologische Zeitung. Neue Folge*, 1869, p. 19. *Eros
und Psyche.*
Cf. Foggini, *Museo Capitolino*, IV, 44, p. 235 et suiv. — Raoul Rochette
Monuments inédits, 74. 2, p. 402 et suiv. — Righetti, *Mus. Cap.*, I, 101,
p. 102 et suiv. — *Beschreibung Rom's*, III, 1, p. 212 et suiv.

N° 166. — *Fragment de bas-relief encastré dans le mur de l'ancien Studio de Canova. Vicolo delle Colonette, nos 27-30, à Rome.*

Ce fragment répond à la scène centrale figurée sur le bas-relief de la
villa Borghèse (n° 164). On distingue Jupiter assis, Eros accoudé sur
ses genoux, et Junon debout derrière lui. Ce bas-relief et très-mutilé.

Publié par M. Heydemann, *loc. cit.* Pl. XV. N° 4.

(1) Cf. Apulée, V, 31 ; VI, 2 ; IV, 4.

N° 167.   *Sarcophage. Musée du Capitole.*

Psyché associée à l'allégorie de la création et de la mort de l'homme.

Le sujet se décompose en plusieurs scènes :

1° Prométhée, assis près d'une corbeille contenant de la terre à modeler, tient d'une main l'ébauchoir, et de l'autre une statue d'homme qu'il
vient de terminer. Athéné, portant le casque et l'égide, anime l'homme
en posant sur sa tête un papillon (1). Aux pieds de Prométhée, une statue d'homme achevée, mais inanimée, est debout sur une sorte de
selle.

2° A gauche de ce groupe, Eros et Psyché sont réunis et se tiennent
étroitement embrassés. Auprès d'eux est assise la Terre, portant une
corne d'abondance que soutient un petit génie.

3° L'homme gît inanimé. Au-dessus de lui s'envole un papillon qui
vient de quitter le corps. Un génie funèbre, appuyé sur un flambeau
renversé, regarde tristement le cadavre étendu (2). Derrière le groupe
apparaît une femme vêtue de longs voiles, séparée d'Athéné par un
cadran solaire. Zoëga l'appelle *Kér* ; Otto Iahn y voit la représentation
de la Mort.

4° Hermès Psychopompe entraîne Psyché sous sa forme humaine
habituelle.

5° Les trois Parques sont représentées sur le sarcophage. L'une
d'elles tient une quenouille et file ; une autre, les yeux levés vers le ciel,
trace, à l'aide d'un *radius*, des signes sur un globe. La troisième, assise
près du corps de l'homme qui vient de mourir, déroule sur ses genoux
le rouleau contenant les arrêts du Destin.

6° Des figures secondaires sont mêlées à ces scènes. A gauche, dans
le haut du bas-relief, un vieillard tenant un gouvernail est assis près
d'un monstre marin. Une figure montée sur un quadrige vole dans l'espace, près du dieu marin. Otto Iahn y reconnaît Hélios sortant des flots
et éclairant la création de l'Homme. Dans l'angle de droite, une femme
traînée par deux chevaux représente Séléné, suivant l'opinion d'Otto
Iahn.

La Terre, tenant sa corne d'abondance, est répétée dans l'angle de
de droite, aux pieds d'Hermès Psychopompe.

7° Les deux faces latérales sont décorées de sujets se rattachant à la
composition principale. A gauche, Héphaistos forge le fer avec les Cyclopes, dans une caverne. Aux pieds d'un arbre, un homme et une femme,
complétement nus, représentent la race humaine pour qui Prométhée va
dérober le feu divin.

Sur la face de droite, Prométhée enchaîné, le cœur rongé par un vau-

_____

(1) A sa gauche on voit une chouette et un masque de Gorgone.
(2) Il tient de la main gauche une couronne.

tour, va être délivré par Hercule, armé de l'arc. La peau de lion et la massue du dieu sont déposées près de lui. Dans l'angle de droite est assise une divinité tenant une corne d'abondance.

La saillie des figures de la face antérieure est très-forte ; c'est un *haut relief*, presque une ronde bosse. Le travail en est très-soigné.

> Ce monument a été publié par :
>
> Sante Bartoli, *Admiranda Romæ antiquæ vestigia* (Rome, 1693), 66, 67.
> Montfaucon, *L'antiquité expliquée*. I, 1, 24; I, 2, 131.
> Millin, *Galerie mythologique*, XCIII, 383.
> *Museo Capitolino* (Lorenzo Re). Tav. 18, 19, 20.
> Guigniaut, *Religions de l'antiquité*, CLVIII, 603.
> Creuzer, *Symbolik*, IV, 2. Taf. VIII, 21.
> Bœttiger, *Kunstmythologie*, II. Taf. I, 2.
> Wieseler, *Denk. der alten Kunst.*, I, 72, 405.   -
> Cf. pour les commentaires :
> Gessner, *Commentat. societ. Götting.*, I, p. 152 et suiv.
> Zoëga, cité par Brunn, *Prosaïsche Schriften*, III. S. 37. folg.
> Platner et Gerhard, *Beschreibung Rom's*, III. S. 190. folg.
> Otto Iahn, *Annali dell' Instituto*, etc., 1847, p. 312 et suiv. Cf. Tav.
>   d'Ag. Q.
> *Archäologische Beiträge*, p. 154.

No 168. — *Bas-relief provenant d'un sarcophage à double étage de sculptures. Vatican (?). Trouvé près d'Ostie.*

Psyché associée au mythe de Prométhée.

A l'angle de droite, contre un pilastre, Prométhée est assis sur un rocher; dans une sorte de gîte, au-dessous de lui, un lièvre est couché. Prométhée, l'ébauchoir à la main, modèle une statue de femme. Il est désigné par l'inscription PROMETHES, placée dans le champ du bas-relief. A côté de la statue, on lit : MVLIER.

Au-dessus de lui, un âne et un taureau sont désignés par les mots ASINVS, TAVRVS.

Aux pieds de Prométhée, une figure d'homme, achevée, mais inanimée, est étendue ; et au-dessous on lit SERYS. Hermès Psychopompe, ou Mercure, amène près de Prométhée Psyché vêtue d'une tunique et d'un péplos, et portant des ailes de papillon. Mercure lui montre le sculpteur et la statue. Ils sont appelés MERCVRIVS et ANIMA.

Plus loin est représenté le groupe des trois Parques (... THO. LACHESIS. ATROPOS.). Atropos, le visage tourné vers ses deux sœurs, semble pousser Psyché vers Prométhée. Devant elle, une figure d'homme, nue, plus petite que les autres personnages, est désignée par le mot SERYS. Lachésis tient d'une main un globe, de l'autre un *radius* avec lequel elle trace des signes. A ses pieds est répétée la figure d'homme nu et debout, qui est devant Atropos. Clotho tient des tablettes. A sa droite se trouvait une figure, dont la main seule est restée. Dans le fond du bas-relief, derrière Atropos, on voit l'indication d'un arc de voûte.

D'Agincourt, *Histoire de l'art*, etc., t. IV. *Pl. sculpt.* Pl. I, n° 15.
Visconti, *Museo Pio-Clementino*, IV. Tav. XXXIV.
Millin, *Galerie mythologique*, 92, 382.
Zoëga, *Abhandlungen herausgegeben von Welcker*, p. 339 et suiv.
Gerhard, *Beschreibung Rom's*, II, 2, p. 189. folg.
Otto Iahn, *Archäologische Beiträge*, p. 139. folg.
Guigniaut, *Religions de l'antiquité*, CLVII, 602.

N° 169. — *Bas-relief provenant d'un sarcophage. Musée du Louvre.* (*Vient de la villa Borghèse.*)

Psyché associée à l'allégorie de la création de l'homme.

1° A l'angle de gauche, Prométhée est assis près d'une corbeille contenant de la terre à modeler. D'une main il tient l'ébauchoir, de l'autre il soutient une statue d'homme posée sur un piédestal. Athéné, coiffée du casque, portant une lance, place sur la tête de la statue le papillon emblème de la vie.

2° Plus loin est étendu le cadavre d'un vieillard. Hermès Psychopompe, portant le caducée, entraîne Psyché sous sa forme humaine.

3° Le groupe des trois Parques, portant l'une un *volumen*, l'autre un globe, occupe le milieu du sarcophage.

4° Héphaistos et les Cyclopes forgent le fer. Dans l'angle de droite, Prométhée emporte une torche, symbole du feu divin; une figure d'homme occupe l'extrémité du bas-relief. Clarac y reconnaît l'homme à l'état de nature.

Clarac, *Musée de sculpture*, pl. 215, n° 433.
Otto Iahn, *Annali dell' Instituto*. 1847, p. 313 et suiv.

N° 170. *Bas-relief. Musée du Louvre.*

Prométhée assis, vient de terminer une statue posée sur une selle. A sa droite, deux figures d'homme et une figure de femme sont tournées vers Athéné, qui porte le casque, l'égide et la lance. Elle leur communique la vie, sous la forme symbolique d'un papillon.

Au second plan, une divinité, drapée à mi-corps, est accoudée contre le tronc d'un arbre, qui paraît être un laurier.

Clarac, *Musée de sculpture*, pl. 215, n° 322.
Musée Napoléon, I, pl. XIV.
Otto Iahn, *Annali dell' Instituto*, etc., 1847.

Nº 171. — *Sarcophage. Museo Borbonico. Naples. Trouvé*, en 1817,
à *Pozzuoli*.

Psyché associée à l'allégorie de la création de l'homme.

Le sujet se décompose en plusieurs scènes :

1º Prométhée est assis, ayant à ses pieds un corps d'homme inanimé,
sur lequel il pose une main, il porte l'autre à son menton, dans une attitude contemplative.

Derrière lui une Parque file la destinée de l'homme ainsi créé.

2º A droite deux génies ailés amènent Psyché devant le corps étendu·
L'un d'eux approche sa torche de la tête de la statue ; l'autre semble
pousser Psyché vers ce corps humain. Psyché n'a pas d'ailes de papillon.
Elle fait un geste de répulsion, et semble résister. Welcker (*Alte Denkmæ-
ler*, II, p. 286 et suiv.) croit qu'elle manifeste son étonnement. Otto Iahn
y voit un signe de répugnance (Cf. le geste d'Athéné sur le sarcophage
de Méléagre : *Museo Capitolino* , IV, 35). Welcker (*loc. citat.*) voit à tort
dans cette figure de femme une représentation de Vénus.

3º Des figures secondaires sont disposées autour de ces deux groupes
principaux.

Dans l'angle de gauche, une figure drapée est assise tenant Cerbère
enchaîné. Auprès d'elle un génie funèbre, dans une attitude de tristesse.
Otto Iahn et Gerhard prennent la première figure pour le génie *Eury-
nomos*. Welcker y voit Proserpine. Ce qui la désigne clairement comme
une divinité gardant l'entrée des enfers, ce sont les têtes de morts et les
cadavres que l'on voit sous le rocher où elle est assise.

Dans le haut, une figure très-mutilée est traînée dans un char attelé
d'un cheval et d'un taureau. Un génie portant une torche la précède.
Une femme entourée de draperies gonflées par le vent (une *Aura* suivant
Welcker) vole dans le milieu du champ du bas-relief.

A droite, derrière le groupe central de Prométhée et de Psyché, ap-
paraissent les grands dieux : Pluton , et à ses pieds Amphitrite tenant
une rame et un dauphin ; un oiseau est près d'elle ; Neptune portant un
trident et un dauphin ; Hermès qui reçoit un sac des mains de Junon ,
reconnaissable à son sceptre ; Jupiter portant le sceptre. Derrière eux,
une femme coiffée d'un diadème.

Plus loin, dans le même sens, un génie descend du ciel, et dirige sa
torche vers Vulcain, qui forge le fer sur une enclume. La Terre est près
de lui , à demi-couchée, tenant des fruits et une corne d'abondance.
Au-dessus d'elle un arbre (un chêne?) étend ses branches.

Dans la partie supérieure de l'angle de droite , une figure masculine ,
coiffée d'un diadème, est traînée par un quadrige.

L'intervalle compris entre ces figures est rempli par des génies souf-
flant dans des conques, ou tenant des draperies gonflées par le vent.

Ce sarcophage paraît remonter aux bas temps de l'époque romaine. Tölken (*Ueber das Relief*, p. 94) fait remarquer le soin avec lequel l'artiste a rempli tout l'espace qui lui était attribué.

Publié par :

Gerhard, *Antike Bildwerke*. Taf. LXI, p. 304, 6.

Gerhard et Panofka, *Neapels antike Bildwerke*, p. 52 et suiv.

Otto Iahn, *Berichte der königl. sächsischen Gesellschaft der Wissenschaften*, 1849, p. 158. Folg.

Welcker, *Alte Denkmäler*, II, p. 286 et suiv.

Furtwängler, *Die Idee des Todes* etc., 1854, p. 388 et suiv.

Finati, *Reale Museo Borbonico*, p. 272, n° 260.

Conze, *De Psyches imaginibus quibusdam*, p. 18 et suiv.

N° 172. *Monnaie d'Antonin le Pieux.*

D'un côté, la tête laurée d'Antonin, vêtu de la chlamyde avec les mots :

ANTONINVS. AVG. PIVS. P. P. TR. P. COS. III.

Au revers, Prométhée assis, modelant une figure d'homme. A sa droite, Minerve, portant le casque et l'égide, tient de la main droite un papillon, très-peu visible, qu'elle pose sur la tête de la statue.

Venuti, *Antiqua Numismata maximi moduli* (Roma, 1739). Tab. XXV, n° 11.

N° 173. — *Sarcophage. Louvre. Ce monument était autrefois à Arles, dans la crypte de Saint-Honorat. C'est là qu'il a été vu et décrit par Millin.*

Prométhée formant les hommes.

1° A l'angle de droite, Prométhée est assis ; à côté de lui on voit une corbeille pleine de terre à modeler. Il tient d'une main une statue d'homme terminée, qui pose sur un petit piédestal ; à ses pieds une autre statue. Derrière lui, Athéné étend la main, sans doute pour poser le papillon sur la tête de l'homme nouvellement formé. Derrière le groupe, se trouvent deux figures : l'une, la tête entourée de rayons, est reconnue par Millin pour Apollon, l'autre pour Éros.

2° A droite du premier groupe, Hermès Psychopompe entraîne Psyché vêtue du péplos et portant des ailes de papillon. Au-dessous d'Hermès, Éros et Psyché se tiennent embrassés.

3° Les trois Parques sont figurées avec leurs attributs ordinaires. L'une tient un globe, l'autre une quenouille, la troisième assise, tient un rouleau où sont écrites les destinées. A côté d'elle se trouve une urne posée sur un cippe. A leurs pieds sont représentés deux groupes : une figure en terrasse une autre ; et deux petites figures d'hommes luttent contre un serpent. Millin y voit le symbole de la discorde éclatant parmi les hommes.

Derrière les Parques se tiennent debout deux figures, que leur bonnet phrygien peut faire reconnaître pour les Dioscures.

4° Neptune, tenant son trident, et une divinité de la mer, reconnaissable aux deux pinces d'écrevisse qui ornent sa tête, se tiennent debout derrière la Parque assise.

5° Une femme, vêtue de longs voiles qui la couvrent presque en entier, paraît monter vers le ciel. Une autre femme l'accompagne ; près d'elles on distingue une étoile. Millin voit dans la première figure la représentation d'une femme morte, celle sans doute qui était ensevelie dans le sarcophage.

6° Dans l'angle de droite, un dieu des montagnes à demi couché près d'un pin, se tourne vers une jeune femme qui peut être une nymphe.

Au-dessous la Terre, couchée à demi dans le plan inférieur, tient un *pedum*.

Millin, *Voyage dans le midi de la France*, t. III, p. 544, pl. LXV, fig. 2.
Clarac, *Musée de sculpture*, pl. 216, 768.

Clarac a mal publié le sarcophage. Il a été trompé par l'état de mutilation du groupe d'Eros et Psyché, et a pris la main d'Eros tenant le menton de Psyché, qui est restée attachée au visage de cette dernière, pour la barbe d'un personnage masculin. Il a fait de Psyché un vieillard. Il l'interprète ainsi : « Le vieillard et le jeune homme que l'on voit dans le fond peuvent faire allusion aux soins de l'éducation ; ou ce serait Prométhée qui instruit l'homme qu'il a formé » (P. 201, t. II, p. I). Il faut restituer au groupe son véritable sens.

N° 174. — *Bas-relief provenant d'un sarcophage. Musée du Louvre.*
Vient de la villa Borghèse.

Des génies ailés et Psyché forment un convoi funèbre.

Le milieu du bas-relief est occupé par quatre génies ailés, qui portent le corps d'Eros : l'un soutient la tête, deux autres les pieds, le quatrième le bras gauche du mort.

A gauche, un génie armé d'un javelot conduit le char d'Eros ; l'un des chevaux baisse la tête en piaffant. Un autre génie essuie ses larmes avec le pan de son manteau. A droite, une sorte de *designator* précède le cortége ; il est vêtu d'une chlamyde.

Psyché, la poitrine nue, éplorée, accourt au devant du mort : elle est soutenue par une suivante. Deux génies, dont l'un est nu, l'autre vêtu d'une chlamyde, se tiennent debout près d'une sorte de portail, dans l'attitude de la douleur.

On a voulu voir dans cette scène des *Amours parodiant le convoi d'Hector*. Gerhard y reconnaît *Méléagre* et *Atalante*.

Bouillon, III. *Bas-reliefs*, 45, 3.
Clarac. pl. 190, 429.
Gerhard, *Prodromos*, p. 263.
Otto Iahn, *Archäologische Beiträge*, p. 194, 195.
Wieseler, *Alte Denkmäler*, t. II, LV, 701.
Ottfried-Müller, *Handbuch*, § 397, 5.

No 175. — *Cippe carré supportant un vase de marbre vert de Carrare. Vatican. Musée Pio-Clementino. Salle des Candélabres.* No 185.

Sur la face antérieure de ce monument, un sculpteur assis devant un chevalet, travaille à un médaillon. Une femme debout à droite, et vêtue d'une longue robe, paraît poser devant l'artiste.

La face de droite offre la figure de Psyché enfant. Elle a les cheveux courts et bouclés, et porte des ailes de papillon; elle tient à la main une baguette, et un carquois est suspendu à ses épaules.

Sur la face de gauche, Eros enfant tient son arc de la main gauche, et son carquois de la droite.

Le style des figures est très-grossier.

No 176. — *Fragment de bas-relief provenant d'un sarcophage. Palais épiscopal d'Ostie.*

Ce bas-relief, très-mutilé, est encastré dans le mur de la salle basse du palais.

A gauche, un fragment de jambe indique que le bas-relief représentait une première scène dont il ne reste plus rien.

Plus loin, de gauche à droite, Eros, ailé, est penché en avant; les bras et les pieds ont disparu. Psyché était en face de lui, également inclinée en avant. Il ne reste de cette figure que la tête, les épaules et les ailes de papillon.

Au-dessus des deux personnages, une sorte de poutre soutient un objet très-fruste, qu'on peut prendre pour une guirlande. Les deux figures paraissent occupées à quelque jeu.

No 177. — *Bas-relief provenant d'un sarcophage. Rome. Palais Mattei. Via Santa Caterina de' Funari.*

Ce bas-relief est encastré dans le mur de palais. Il est entouré d'un cartouche Renaissance.

Le milieu du sarcophage est occupé par le groupe des trois Grâces (Cf. Villa Albani, no 708 du catalogue de Morcelli; et : Vatican, Musée

Lapidaire, IIᵉ compartiment, nᵒ 13). Derrière elles, le fond du bas-relief figure une draperie tendue par les deux coins supérieurs.

De chaque côté du groupe, deux génies ailés semblent recevoir des Grâces des objets qu'il est difficile de distinguer. Entre les Grâces et le génie de gauche se trouve un vase.

A droite et à gauche de ce sujet central se trouve répété le groupe d'Eros et Psyché se tenant embrassés. Psyché est vêtue d'une tunique serrée à la taille et d'une draperie nouée autour des hanches. Dans le groupe de gauche, Eros est tourné de droite à gauche et semble quitter Psyché.

Les extrémités du bas-relief sont occupées par des génies ailés tournés en dehors. Aux pieds de chacun d'eux se trouve un vase plein de fruits et de fleurs.

> Montfaucon, *L'antiquité expliquée*, t. I, p. 192, planche CXX, nᵒ 1.
> P. Sante Bartoli, *Admiranda Rom. Antiq. vestigia.* Tav. 68.

Nᵒ 178. — *Sarcophage. Musée Grégorien, au Latran. XIᵉ salle. Nᵒ 394 du catalogue de Benndorf et Schœne.*

Phèdre et Hippolyte.

La face antérieure du sarcophage est partagée en deux par une colonne.

Première partie, à gauche :

Phèdre est assise sur un trône dont les bras sont ornés de griffons et le siège recouvert d'un tapis à franges. Elle regarde vers la droite. Elle porte des sandales, un diadème et une tunique serrée par une ceinture ; de la main droite elle tient une couronne (V. sur cette couronne et le sens qu'elle implique : Helbig, *Archæologische Zeitung*, 1868, p. 261, et Hinck, *Annali*, 1867).

Près du siège de Phèdre est figuré un petit groupe de Psyché et Eros se tenant embrassés dans l'attitude habituelle. Psyché est vêtue d'une longue tunique à ceinture dégageant les épaules. Elle a les cheveux relevés en bandeaux.

Derrière Phèdre, une femme vêtue d'une tunique se tient appuyée sur le dossier du trône ; une autre femme, à peine visible, occupe le second plan. Ce groupe est complété par un génie ailé tenant un flambeau renversé, les jambes croisées, dans l'attitude des génies funèbres, qui regarde tristement Phèdre.

A droite de ce groupe principal, une vieille femme, sans doute la nourrice de Phèdre, étend la main gauche vers Hippolyte, et élève la main droite, le doigt levé devant ses lèvres, comme si elle parlait.

Hippolyte, debout elle, la lance à la main, fait de la main droite un geste d'horreur, comme pour repousser les conseils de la nourrice. A sa droite, des serviteurs préparent tout l'appareil de la chasse et tiennent des chevaux par la bride, des chiens en laisse.

·Deuxième partie :

Diane accompagne un jeune cavalier, Hippolyte sans doute, qui, escorté de deux autres cavaliers, lance l'épieu contre un sanglier.

H. Hinck, *Annali dell' Instituto*, 1867.
Monumenti inediti dell' Instituto, 1867, vol. VIII. Tav. XXXVIII.
Benndorf et Schœne, *Die antiken Bildwerke des Lateranensischen Museums*, n° 394.

N° 179. — *Sarcophage. Londres. Ce monument trouvé sur le territoire d'Ostie, en 1824, est conservé chez M. Western.*

Ce sarcophage, de forme ovale, se compose de deux parties : le corps même du sarcophage et la frise. Deux têtes de lion en saillie décorent la partie inférieure.

1° Au milieu de la face principale, Endymion est endormi, un chien à ses côtés. Au-dessus de lui, la *Nuit*, ailée, tient des pavots. Deux Eros sont debout près d'Endymion. A gauche, dans un char, Séléné, entourée de génies ailés et portant le croissant sur son front, regarde le jeune homme endormi. Iris est près d'elle, et sous le char, la nymphe des bois, un serpent à la main, est à demi-couchée. Plus loin, un berger est assis, entouré de chiens, de boucs et de brebis.

Les deux têtes de lion encadrent ce sujet central. Sous celle de gauche sont figurés Eros et Psyché se tenant embrassés dans l'attitude habituelle.

Plus loin, deux nymphes, couronnées de roseaux, s'appuient l'une sur l'autre ; l'une d'elles tient une urne d'où l'eau jaillit.

A droite du sujet central, le soleil, dans son char, est précédé par un génie portant une torche. L'Océan est foulé aux pieds des chevaux. Plus loin, Séléné s'avance dans son char, que conduit une figure ailée. Au-dessous du char, une figure de femme, à demi-drapée, tient une corne d'abondance. C'est la Terre.

2° La frise est partagée en dix arcades cintrées. Au milieu, sur un cartouche, on lit l'inscription :

ANINIA · HILARA ·
CL· ARRIAE · MATRI ·
INCONPARABILI
FECIT · VIXIT ·
ANN· L· MEN·
X·

Les sujets contenus dans les arcades sont les suivants, en partant de la gauche :

1° Un génie des bois ou de la montagne est assis, un chien à ses côtés. Dans une sorte de petite grotte, un lièvre broute.

29

2º Un génie ailé tient un lièvre qu'il montre à un chien. A droite, un masque bachique, couronné de lauriers.

3º Eros et Psyché. Psyché embrasse Eros, qui semble se dégager. Il tient une torche. Un miroir est aux pieds de Psyché, qui porte un péplos et une tunique.

4º Mars est debout, portant le casque, l'épée, le bouclier et la lance.

5º Deux figures, où Gerhard reconnaît Diane et Endymion, se tiennent embrassées. Des génies ailés voltigent autour d'elles.

6º A droite du cartouche central, on voit un buste de femme drapée, sans doute celui de Claudia Arria.

7º Une figure de femme, entourée de génies et drapée à mi-corps, tient un fruit de la main droite : Gerhard suppose que c'est *Vénus Libitina.*

8º Une femme drapée à mi-corps est assise près d'un arbre sur un rocher. Elle tient à la main un objet de toilette. Un génie ailé est derrière elle. A ses genoux est assise Psyché, portant une tunique et un péplos. Eros, à droite, s'appuie sur les genoux de cette femme, où Gerhard reconnaît Vénus,

9º Un génie ailé, vêtu de la chlamyde, tient une corbeille de fruits de la main droite, et de l'autre caresse un chien.

10º Répétition de la scène nº 1. Le génie est assis, tenant un arbre de la main droite. Près de lui un chien et un lièvre.

> Gerhard, *Antike Bildwerke.* Taf. XXXVI.
> Cf. Gerhard, *Hyperbor. Römisch. Studien*, I. S. 129, folg.

Nº 180. — *Sarcophage. Musée du Louvre. Vient de la villa Borghèse.*

Ce monument se compose de deux parties : le corps du sarcophage et le couvercle.

La partie inférieure représente deux génies ailés, volant, soutenant un médaillon orné d'une tête de Méduse. Aux deux angles, un génie ailé tient des bandelettes.

La partie supérieure forme une sorte de frise, divisée en sept compartiments par des Hermès, que relient entre eux des arcades cintrées.

Les sujets figurés dans ces compartiments sont les suivants, en allant de gauche à droite.

1º Un génie ailé, tenant une palme de la main gauche, semble approcher une plante somnifère d'une jeune fille à demi-couchée.

2º Un enfant nu, tenant le *pedum*, est monté sur un bouc.

3º Un jeune homme vêtu de la nébride joue de la double flûte.

4º Le buste de la jeune femme morte, pour qui le sarcophage était fait, occupe le compartiment du milieu.

5º Un enfant, vêtu de la pardalide, danse en s'accompagnant du tambourin.

6º Un vieillard brandit un pédum au-dessus d'un satyre couché, et jouant de la syrinx.

7° Eros et Psyché se tiennent embrassés dans l'attitude habituelle. Psyché est vêtue d'une tunique talaire et d'un péplos.

Clarac, *Musée de sculpture*, planche 192, n° 493 du catalogue.
Bouillon, t. III, *Bas-reliefs*, pl. 12, 2.

N° 181.   *Bas-relief. Ivoire.*

Psyché est endormie. Eros ailé, vêtu d'une chlamyde, étend son thyrse au-dessus d'elle.

A droite et à gauche, deux vases posés sur des cippes donnent à la scène un caractère funèbre.

Buonarroti et Bœttiger ont pris le thyrse pour une torche, et ont vu dans cette représentation une scène de purification. Otto Iahn pense que l'artiste a représenté Dionysos et Ariadne sous les traits d'Eros et de Psyché.

Buonarroti, *Medaglie antiche*, p. 382.
Otto Iahn, *Archäologische Beiträge*, p. 195.
Wieseler, *Alte Denkmäler*, t. II, LV, 700.
Cf. Bœttiger, *Kunstmythologie*, II, p. 504. — Thorlacius, *Opp.*, I, p. 349.

N° 182. — *Sarcophage. Rome. Ce sarcophage se trouvait d'abord via Borgognona, puis il a été transporté au palais Torlonia, piazzetta Torlonia, où Gerhard l'a vu. Il ne s'y trouve plus, les antiquités de ce palais ayant été transportées ailleurs.*

Psyché prenant part à une pompe dionysiaque.

Bacchus enfant, tenant d'une main un thyrse, de l'autre un vase (type d'*olpé*) est traîné dans un char par deux jeunes centaures. L'un porte un cratère et un *pedum*, l'autre une sorte de palme. Ils foulent aux pieds un vase plein de fruits.

Eros et Psyché les précèdent; Eros joue de la syrinx, et Psyché du tambourin.

Une figure d'enfant, sans ailes et portant le thyrse, est traînée dans un char en avant du cortége.

Archäologische Intelligenz Blatt, 1833, n° 5, p. 39.
Otto Iahn, *Archäologische Beiträge*, p. 189, 273.
Ottfried Müller, *Handbuch*, § 397, 9.
Gerhard, *Archäologische Zeitung. Neue folge.* Novembre 1848, n° 23, p. 353. Taf. XXIII, n° 1.

N° 183. — *Bas-relief. Ce monument se trouvait dans l'ancienne galerie Giustiniani, aujourd'hui dispersée.*

Eros jouant de la flûte traversière est monté sur un centaure vêtu de la nébride, qui joue de la lyre, et se tourne à demi vers lui. A droite, Psyché tenant une syrinx est assise sur la croupe d'une centauride, jouant de la double flûte et tournée de droite à gauche.

Entre les deux groupes, on remarque un génie ailé jouant de la flûte traversière; à ses pieds, un cratère ciselé est renversé; de l'autre côté, on voit un vase plein de fruits.

Les extrémités du bas-relief sont occupées par un génie ailé, qui essaie d'atteindre les fruits d'un arbre placé près de lui.

Montfaucon, *L'antiquité expliquée*, pl. CXX, t. I, p. 192.
Zoëga, *Abhandlungen*. Tav. 4, 12.
Galleria Giustiniana, II, 107.
Gerhard, *Prodromos*, p. 261.
Otto Iahn, *Archäologische Beiträge*, p. 190, note 276 *a*.

N° 184. — *Cippe funéraire. Musée du Louvre. Marbre pentélique.*

La face antérieure porte un cartouche contenant l'inscription :

DIS MANIBVS
AMEMPTI · DIVAE · AVG· L·
IALVS· ET· CORINTVS· L·

Il est entouré de guirlandes de fleurs; un aigle aux ailes déployées est posé sur la guirlande inférieure. Des torches allumées posant sur des têtes de sanglier décorent les quatre angles du cippe.

Au-dessous du cartouche, on remarque une scène d'un caractère dionysiaque. Eros jouant de la flûte traversière est monté en croupe sur un centaure tourné à droite. Celui-ci porte la nébride : il joue de la lyre et se retourne à demi vers Eros. En face d'eux, Psyché, montée sur une centauride, tient une syrinx; la centauride joue de la double flûte. Entre les deux groupes, un rhyton ciselé et un cratère renversé gisent à terre. Le vin s'échappe du cratère.

Lessing pense que ces deux génies sont ceux du Sommeil et de la Mort, et que les vases renversés représentent la fuite des jours.

Les faces latérales sont ornées de têtes de cerfs décharnées, de guirlandes et de branches de laurier. Deux oiseaux sont perchés sur un cratère ciselé : l'un y boit, l'autre happe au vol un papillon.

Sur la face postérieure, on voit une table à sacrifices au-dessous d'un bucrâne.

Hauteur, 0,96; largeur, 0,66; épaisseur, 0,49.

Codex Pighianius (v. Iahn, *Leipziger Berichte*, 1868, p. 207).
Montfaucon, *L'antiquité expliquée*, t. V, 1, 79.
Boissard, t. III, 144.
Gruter, p. 606, 3,
Lessing, *Wie die Alten den Tod gebildet, etc.*, p. 29.
Musée Napoléon, IV, 40.

Clarac, *Cat.*, n° 325. *Inscriptions*, pl. 17.
Musée, pl. 185, 186, n. 177-178.
Otto Iahn, *Archäologische Beiträge*, p. 190, 191, n° 276 *b*.
Frœhner, *Sculpture antique du Louvre*, n° 373.

N° 185. — *Peintures murales. Grotte funéraire de Halalié (Phénicie).*

La fable de Psyché fait le sujet des décorations d'une grotte funéraire, près du village de Halalié (Phénicie). Voyez E. Renan, *Mission de Phénicie*, p. 395, 396.

M. Renan énumère les grottes de Halalié et de Baramié, déjà visitées en partie par Pococke et par M. de Vogüé (1) (*Fragments d'un journal de voyage en Orient*, p. 27 et suiv.).

« 7° Grotte peinte offrant des sujets tirés de la fable de Psyché... Je vois que, selon d'autres, la grotte de Psyché serait la *Moghâret-el-Khan*. Quoi qu'il en soit, cette grotte de Psyché est sûrement la plus belle de toutes. Les arceaux et les pilastres sont d'une grande finesse de style; les sculptures et les ornements, quoique simplement moulés dans le stuc, sont de bon goût. Les trois médaillons qui représentent la fable de Psyché, sujet favori des sépultures grecques de Sidon, sont de précieux morceaux. Dans la scène du sacrifice, le mot ΨΥΧΗ se lit à côté du personnage principal » (E. Renan, *loc. cit.*).

Ces peintures sont très-endommagées. En 1864 (18 juin), M. Gaillardot écrivait à M. Renan : « Ces grottes depuis votre départ ont été considérablement dégradées. Pour chercher s'il n'y avait rien de caché, et pour enlever les oiseaux et les fleurs, on a détruit une bonne partie de l'enduit peint qui rendait ces grottes si belles et si curieuses. Cependant la Psyché peut encore se voir » (*Ibid.*).

N° 186. — *Trois sarcophages en plomb trouvés à Saïda (Phénicie).*

Ils sont décrits par M. E. Renan, *Mission de Phénicie*, p. 427, 428. L'un d'eux est publié, même ouvrage, planche LX, n° 1. Ils ont été trouvés tous les trois dans la nécropole de Saïda. L'un d'entre eux est en la possession de M. Durighello.

M. Renan les décrit de la façon suivante :

« Les trois sarcophages offrent des représentations prises du mythe de Psyché. Psyché y paraît toujours assise sur un escabeau, le menton appuyé sur la main, quelquefois un pied relevé sur un *hypopodion*. Le sarcophage dessiné par M. Durighello était le plus riche. Les deux bouts montraient Psyché assise sur un pliant en forme d'X. Sur l'un des côtés, on voyait, encadrés de colonnades et de guirlandes, quatre sujets, dont l'un représentait encore Psyché à côté de son pliant. Dans les trois au-

---

(1) Celle que M. de Vogüé a décrite est la *Moghâret-el-Taous* (Grotte du Paon).

tres sujets, le personnage est unique ; un seul de ces sujets (une offrande de parfums) se laisse déterminer. On peut aussi voir dans l'un d'eux une Isis sur sa barque » (*loc. cit.*).

On peut rapprocher de ces monuments deux sarcophages en plomb , trouvés également à Saïda, conservés à Cannes, chez M. le baron Lyklama, et publiés par M. de' Rossi, *Bullettino di Archeologia cristiana*, 2⁰ série, 4ᵉ.année, p. 77 et suiv. Tav. 1V, V, 1, 2, 3, 4. *Saïda in Fenicia*, *Arche sepolcrali di piombo, con simboli cristiani*. M. de' Rossi attribue à ces deux sarcophages une date antérieure à l'année 312 ap. J.-C. Les trois sarcophages décrits par M. Renan, dont le style est identique, appartiendraient aussi au deuxième siècle de notre ère.

Nᵒ 187. — *Bas-relief provenant d'un sarcophage, encastré dans un mur au palais Vaccari*, 56, *via dell' Angelo Custode. Rome.*

Le second plan du bas-relief est occupé par des monuments représentant l'entrée d'un port. On voit à gauche un palmier ; plus loin, un monument carré, percé de baies en forme d'arcades ; sur le fronton est sculptée une demi-lune. Puis vient un édifice de forme ronde, bâti en pierres carrées, et portant un toit conique surmonté d'une boule. Plus loin, un grand portique à trois arcades, orné de statues de tritons jouant de la conque. A droite de ce portique se dresse une colonne surmontée d'un chapiteau de forme corinthienne, mais orné de feuilles de palmier. Le coin de droite du bas-relief est occupé par un phare à quatre étages, au sommet duquel s'élève une flamme.

A droite du phare, un cartouche rond contient le buste en relief d'un enfant. Au-dessous, on lit l'inscription suivante :

D. M.
IVLIO. FILOCYRIO.
FILIO. BENEMERENTI.
DVLCISSIMO. Q. B. ANN.
VII. D. V. IVLIVS. FILOCY
RIVS. PATER. FECIT.

Au premier plan voguent quatre nacelles.

Celle de gauche est montée par un génie ailé qui rame et par une Psyché tenant une pyxis. Psyché a tous les attributs qui la distinguent Elle est assise à droite, dans une attitude pleine de mollesse et d'abandon.

La seconde nacelle porte deux génies : celui de gauche, ailé, joue du tambourin ; celui de droite, debout, harponne avec un trident un objet qui flotte à la surface des flots. Le dessin que M. Visconti donne du bas-relief reproduit cet accessoire d'une façon inexacte. M. Visconti y a cru voir un bouclier ou *pelta*. C'est une tête de dauphin, vue de face. Entre les deux nacelles, un génie nage.

La troisième embarcation porte un mât, des cordages, et une voile à demi carguée. Un génie, assis à gauche, retire un filet. Psyché, assise à droite, joue de la double flûte. Elle a des ailes de papillon. Sa chevelure, mal reproduite dans le dessin publié par M. Visconti, est relevée en bandeaux et réunie en nœud. Au-dessus du vaisseau, un oiseau vole de gauche à droite.

Dans la dernière nacelle, près du phare, un petit génie pêche à la ligne : un poisson vient de mordre à l'hameçon.

Raoul Rochette, *Mémoires de l'Institut royal de France*, 1838, p. 222.
R. Lanciani, *Annali dell' Instituto*, 1868, p. 144-195.
Visconti, *Bullettino della commissione archeologica municipale. Settembre-octobre* 1873, Rome. Cf. planche IV, n° 1.

SECTION V.

No 188. — *Sarcophage. Marbre italien. Musée Grégorien, au Latran.*
Salle XI.

Le sarcophage est de petite taille. Le milieu est occupé par un médaillon très-fruste, représentant un enfant; il est entouré de guirlandes
ornées de rubans.

Deux génies ailés soutiennent le médaillon.

Les extrémités de la face antérieure sont occupées par un groupe de
Psyché et Eros se tenant embrassés. Eros est vêtu d'une chlamyde.
L'attitude des deux personnages est celle qu'on retrouve sur le plus
grand nombre des sarcophages. Psyché porte une tunique à ceinture
dégageant les épaules.

Benndorf et Schœne, dans leur catalogue du musée de Latran, donnent ce sarcophage comme chrétien. Il a été trouvé dans la basilique de
Santo-Stefano.

Le travail en est très-grossier. Les pupilles des yeux sont indiquées.

> Benndorf et Schœne, *Die antiken Bildwerke des Lateranensischen Mu-*
> *seums*, n° 406.

No 189. — *Fragment de sarcophage. Rome. Catacombe de Saint-*
Calixte.

Eros et Psyché se tenant embrassés.

Le milieu de la face antérieure est occupé par un médaillon; il est
soutenu par deux génies ailés vêtus de la chlamyde. Il contient le buste
en relief du mort, vêtu d'un manteau et portant un *volumen.*

Au-dessous, une corbeille de fruits, et un enfant assis, appuyé sur la
main gauche, tenant une seconde corbeille également pleine de fruits.
Aux pieds du génie de droite, un lièvre paraît courir.

Le groupe consacré d'Eros et Psyché se tenant embrassés se trouve à droite du sujet central; il était sans doute répété de l'autre côté. Eros et Psyché ont les jambes croisées. A leurs pieds, on remarque un panier plein de fruits. Psyché porte une tunique et un péplos. A droite du groupe, on voit l'arc et le carquois d'Eros.

L'extrémité du bas-relief est occupée par une représentation du *Bon Pasteur*, portant une brebis sur ses épaules. Un arbre couvre le fond du bas-relief. Une brebis est figurée dans l'angle de droite.

Le travail est grossier et le style barbare. Ce sarcophage paraît dater du quatrième siècle. Il semble avoir été recouvert de chaux. Il a été trouvé enterré plus bas que le niveau du sol.

Allard, *Rome souterraine*, p. 377, fig. 42.

N° 190. — *Fragment de bas-relief provenant d'un sarcophage. Cata-combe de Saint-Calixte. Rome.*

Même sujet.

Ce bas-relief est très-mutilé. Il ne reste de Psyché que la tête, le bras gauche et une partie du buste; la tête seule d'Eros a été conservée.

Psyché, à gauche, portant des ailes de papillon, tient Eros embrassé. Elle est vêtue d'une tunique à manches courtes; ses cheveux sont relevés en bandeaux enroulés et parallèles, réunis en nœud sur le sommet de la tête; une boucle descend sur l'épaule gauche.

Les pupilles des yeux sont indiquées. Le travail est très-grossier.

Largeur : 0,27 cent. Hauteur : 0,26 cent.

N° 191.   *Sarcophage. Villa Medici.*

Sarcophage strié. Le milieu de la face antérieure est occupé par un médaillon contenant le buste en relief d'un jeune homme drapé et tenant un *volumen*.

Au-dessous, Jonas couché, tourné de gauche à droite. A sa droite, un monstre marin. Au-dessus de lui, une plante à gros fruits, où l'on peut reconnaître la cucurbite.

Les deux extrémités du bas-relief sont occupées par un groupe de Psyché et d'Eros se tenant embrassés dans l'attitude habituelle.

Ce sarcophage se trouve au fond du jardin de la villa, près de la statue colossale de Rome.

N° 192.   *Sarcophage. Campo-Santo de Pise.*

Eros et Psyché se tenant embrassés.

Le milieu est occupé par un médaillon vide qui a sans doute été martelé. Il est soutenu par deux génies ailés, volant, vêtus de la chlamyde.

Au-dessous du médaillon, un enfant vêtu d'une chlamyde, et tenant un bâton ou *pedum* d'une main, repousse de l'autre un aigle qui s'avance vers lui. On peut y reconnaître Ganymède. A droite, la *Terre*, à demi-couchée, tient une corne d'abondance; à gauche, l'*Océan* s'appuie sur son bras gauche.

Des flambeaux funèbres renversés se trouvent aux pieds de ces deux divinités.

Le groupe d'Eros et Psyché se tenant embrassés, qui occupe chacune des extrémités du bas-relief, est séparé des sujets précédents par un arbre à feuilles aiguës, sans doute un laurier. Psyché, vêtue d'une tunique à ceinture dégageant l'épaule, embrasse Eros dans l'attitude consacrée. Une corbeille pleine de fruits se trouve aux pieds d'Eros.

La frise du couvercle porte une inscription latine indiquant que ce sarcophage a renfermé le corps de Gallus Agnellus.

Lasinio, *Campo-Santo di Pisa.* Tav. XXVIII.

Nº 193. — *Sarcophage trouvé, en 1780, dans la catacombe de S. Pietro e Marcellino (Torre Pignattara).*

La face antérieure se compose d'une frise représentant des scènes de chasse, divisée en deux parties par un cartouche contenant l'inscription :

ZACINIE CES
QVE IN PACE

Zacinie cesque (pour *quiesce*) *in pace.*

Au-dessous, le corps même du sarcophage, en marbre strié, offre trois sujets : à gauche, un homme barbu, vêtu d'une toge et tenant un *volumen*; à droite, une femme drapée; au milieu, une colonne surmontée du groupe de Psyché et Eros se tenant embrassés. Psyché a le costume habituel. Le groupe est disposé dans l'attitude consacrée.

D'Agincourt pense que ce monument, malgré l'inscription évidemment chrétienne, a pu être destiné dans l'origine à des païens; l'attribution à un usage chrétien n'aurait été faite que plus tard. Piper croit que l'inscription et la sculpture sont de la même époque, et que le sarcophage est purement chrétien.

D'Agincourt, *Histoire de l'art par les monuments*, t. II, p. 31, et t. IV, *Planches relatives à la sculpture*, pl. IV, nᵒˢ 3 à 7.
Otto Iahn, *Archäologische Beiträge*, p. 165, note 175 b.
Piper, *Mythologie der christlichen Kunst*, p. 217.

Nº 194. — *Bas-relief provenant d'un sarcophage. Cloître de Sainte-Agnès hors les murs.*

Le milieu du bas-relief est occupé par le buste en relief de sainte

Agnès. La tête est entourée d'un nimbe radié. Elle tient une palme de la main gauche, et de la droite caresse un agneau.

Le médaillon est soutenu par deux génies ailés, volant, vêtus de la chlamyde. Au-dessous du génie de gauche, l'Océan, à demi couché, couronné de roseaux, tient de la main droite une longue tige de roseau, et de la gauche une corne d'abondance. A sa gauche, une chèvre broute dans un panier plein de fruits et de fleurs; près d'elle est un chien.

Sous le génie de droite, la Terre, à demi couchée, couronnée d'épis, tient des deux mains une corne d'abondance. Elle est drapée à mi-corps. A sa droite, deux génies, dont l'un est ailé, portent, l'un une grappe de fruits, l'autre un panier renversé d'où s'échappent des fruits.

Entre les deux sujets de la Terre et de l'Océan, sous le médaillon central, une femme à demi-drapée se tient debout. A sa droite, deux enfants; à sa gauche, un enfant tient de la main droite les branches d'un arbuste. Un oiseau (coq ou dindon) est à ses pieds.

Le buste de sainte Agnès est d'un travail plus fin que le reste du sarcophage. La couleur du marbre est différente. Tandis que le corps du sarcophage est recouvert d'une sorte de patine jaune, le buste et le fond du médaillon sont d'une teinte plus claire. — Cette particularité a donné lieu à différents commentaires. « Ce buste, » dit Piper, « est une œuvre chrétienne exécutée dans des temps plus récents, et représente la figure de sainte Agnès, sculptée par-dessus l'image de celui pour qui le sarcophage avait été fait autrefois » (Christlich. Kunst, I, 47). Marangoni ne doute pas que le sarcophage tout entier soit l'œuvre d'artistes chrétiens (Delle cose gentilische, p. 46). Un examen attentif de ce monument nous fait adopter l'opinion de Piper. La profondeur du médaillon, la diminution visible de l'épaisseur de la bordure, la dépression des doigts des génies qui soutiennent le médaillon, entamés par un travail maladroit et refaits après coup, voilà des indices qui prouvent que le buste de la sainte a été repris par-dessus le buste primitif. Le sarcophage aurait été, à une époque tardive, approprié par les chrétiens à un usage sacré.

Gerhard et Platner, Beschreibung Rom's, III, 2, p. 450.
Marangoni, Delle cose gentilische, p. 46.
Piper, Mythologie der christlichen Kunst, t. I, p. 47.

No 195. — Bas-relief provenant d'un sarcophage. Il se trouve dans l'église de Saint-Pierre de Rome, sous l'autel principal de la chapelle de la Madonna della Colonna.

Ce bas-relief représente le Christ au milieu de dix jeunes gens. A ses pieds sont agenouillés un homme et une femme, sans doute un couple d'époux. Au-dessous du Christ et des apôtres, on voit un agneau au milieu de douze autres plus petits. Derrière les apôtres, une vigne et deux palmiers. Le Christ lui-même se tient devant un portail, et des deux côtés de l'arc qui forme la porte, on aperçoit deux petites figures;

celle de droite tient un flambeau ; celle de gauche lève les mains dans une attitude suppliante.

Bottari (*Sculture e pitture sagre*, t. I, p. 105), et avec lui Platner (*Beschreibung Roms*, II, 1, S. 192), pensent que la figure portant une torche représente la *Vie*, et l'autre l'*Espérance*. Passeri (*De gemmâ Pastorali in Gori Thes. Gemmarum astriferarum*, t. II, p. 91), y reconnaît le *Jour* et la *Nuit*.

Ces interprétations sont arbitraires. Piper (*Myth. der christlichen Kunst*) a reconnu que la figure de gauche porte des ailes, et même des ailes de papillon. Il ne doute pas que ce couple ne représente Eros et Psyché. Je n'ai pu vérifier l'exactitude de son opinion. Le bas-relief est aujourd'hui recouvert d'une toile peinte représentant une mosaïque.

Ce bas-relief, tiré du cimetière du Vatican, a été plus tard employé pour le monument funèbre des papes Léon Ier, Léon II, Léon III, Léon IV, et, comme tel, conservé dans les cryptes du Vatican (*grottes Vaticanes*). Il était placé dans une des chapelles latérales de la chapelle de *Sancta Maria Prægnantium*. Une inscription en fait foi.

Il a été transporté en 1607 dans la nouvelle église de Saint-Pierre, où il est aujourd'hui.

Aringhi, *Roma subterranea novissima*. R. 1651, t. I, p. 307.
Bosio, *Roma sotterranea*, p. 75.
Bottari, *Sculture e pitture sagre*, t. I, p 105. Tav. XXVIII.
Platner et Gerhard, *Beschreibung Rom's*, II, 1. S. 192.
Passeri, *In Gori Thesaur. Gemm. astriferarum*, t. III, p. 91.
Piper, *Mythologie der christlichen Kunst.*

N° 196. *Sarcophage. Musée chrétien de Latran.*

Psyché et Eros au milieu des vendanges.

Au milieu, et aux deux extrémités de la face antérieure, on voit le *Bon Pasteur* debout sur un socle, tenant le *pedum*, et portant une brebis sur ses épaules. L'intervalle entre ces trois figures est rempli par une foule de petits génies ailés, qui montent dans les arabesques d'une vigne chargée de raisins. Les uns sont occupés à traire des brebis ; les autres accomplissent tous les travaux de la vendange, cueillant le raisin, le transportant dans des corbeilles, le foulant dans une cuve. Au milieu d'eux, Psyché, vêtue d'une tunique et portant des ailes de papillon, présente une grappe de raisin à Eros, vêtu d'une chlamyde et assis sous les rameaux d'une vigne.

Le travail du sarcophage est très-soigné.

Brunn, *Das Museum des Lateran in Rom*. Tubingen, *Kunstblatt*, 1844. S. 330.
Piper, *Mythologie der christlichen Kunst*, t. I. S. 215.
Garrucci, *Monumenti del Museo Laterano*. Tav. XLIX.
Cf. une correspondance de Rome dans l'*Allgemeine Preussische Zeitung*, 1844 (27 septembre), n° 269. S. 1441.

N° 197. — *Fond de coupe peinte. Bibliothèque Vaticane. Trouvé en 1693, dans le cimetière de Priscilla.*

Eros et Psyché se tenant embrassés.

Eros et Psyché ont déposé l'un son arc et son carquois, l'autre son miroir. Psyché, portant des ailes de papillon, des bracelets aux poignets, à l'avant-bras, et des périscélides, retient de la main droite son péplos orné de bandes de pourpre. Elle tient Eros embrassé, le bras gauche passé autour de son cou. Eros ailé, la tient également embrassée.

A sa droite on voit son arc et sa chlamyde. Près de là une grande plante, non loin de laquelle une fleur rouge sort du sol.

Cette peinture est entourée d'une bordure. A l'intérieur court la légende suivante :

ANIMA DVLCIS FRVAMVR NOS SINE BILE· ZEZES·

Publié par Buonarroti : *Osservazioni sopra alcuni frammenti di vasi antichi di vetro*, t. XXVIII, 3.

Garrucci, *Vetri ornati di figure in oro. trovati nei cimiteri cristiani di Roma*, 1864, pl. XXXV, n° 4.

Otto Iahn, *Archäologische Beiträge*, p. 164.

N° 198. — *Peinture de la salle hypogée du cimetière de Flavia Domitilla. Rome.*

Peinture représentant Psyché dansant avec des génies.

Une salle hypogée du cimetière de Domitille offre des peintures d'un style fort ancien ; Psyché, dansant avec de petits génies, y figure à titre de décoration, avec des paysages, des oiseaux, des fleurs et des encarpes.

M. de' Rossi attribue la décoration de cette salle à une époque antérieure au troisième siècle.

V. de' Rossi, *Bullettino di Archeologia cristiana*, anno III, 1865, n° 12.

« *Le varie e successive condizioni di legalità dei cemeteri...*, etc. »

Cet article est traduit dans la *Revue archéologique*, nouvelle série, VII° année, 1866, p. 225, sous le titre de : *Existence légale des cimetières chrétiens à Rome*.

N° 199. — *Peintures de l'une des chambres attenant à l'atrium extérieur du cimetière de Flavia Domitilla. Rome.*

Trois peintures représentant Psyché groupée avec des génies et cueillant des fleurs.

Dans l'une des chambres attenant à l'*atrium* extérieur du cimetière de

Domitilla, les parois des trois arcosolium sont décorées de peintures représentant le même sujet avec quelques variantes :

1° Parois de l'arcosolium de gauche : Psyché, vêtue d'une longue tunique et portant des ailes de papillon, est debout au milieu des fleurs. Elle tient de la main gauche une corbeille pleine de fleurs. Elle est tournée de gauche à droite, et vue de trois quarts. Devant elle, à droite, un génie sans ailes, tourné de droite à gauche, est occupé à verser des fleurs d'une corbeille dans une autre.

2° Arcosolium du fond. Psyché debout à droite, tournée de droite à gauche, est vêtue d'une longue tunique. Elle a des ailes de papillon. Elle tient de la main gauche une corbeille de fleurs.

Devant elle un petit génie sans ailes, le corps incliné en avant et tourné de gauche à droite, recueille des fleurs dans une corbeille. Psyché semble présider à la moisson ; elle étend le bras droit vers le génie.

3° Arcosolium de droite. Répétition de la même scène. La symétrie n'est pas observée. Il semble que la peinture du mur de gauche aurait dû occuper le mur du fond.

Les arceaux des arcosolium sont décorés de fleurs, d'encarpes et d'oiseaux.

L'atrium et la chambre ont été construits vers le troisième siècle, suivant M. de' Rossi.

J.-B. de' Rossi, *Bullettino di Archeologia cristiana*, anno III, 1865, n° 12. « *Le varie e successive condizioni di legalità dei cemeteri*, etc. » Cf. *Revue archéologique*, nouvelle série, VII° année, 1866, p. 225 et s. *Existence légale des cimetières chrétiens à Rome*, par M. de' Rossi.

N° 200. — *Mosaïque du plafond de Sainte-Constance, près de Sainte-Agnès hors les murs.*

Psyché dansant avec de petits génies.

Un des compartiments du plafond de l'église de Sainte-Constance, décoré de sujets en mosaïque, offre plusieurs représentations de Psyché. C'est le troisième, à gauche, à partir de la porte d'entrée.

La décoration se compose d'une série de médaillons, dessinés par des entrelacs, et formant des bandes parallèles. Les espaces vides entre les médaillons sont remplis par des oiseaux, par des fleurs et par des dessins géométriques. La figure de Psyché est répétée cinq fois dans les cinq bandes d'ornements que contient ce compartiment.

Première bande (à partir des colonnes) :

Dans le premier médaillon de gauche, Psyché est représentée petite fille. Elle a les cheveux courts, porte des ailes de papillon ; elle est vêtue d'une tunique et d'un péplos jaunes ; une des mains est étendue ; l'autre porte une sorte de plat couvert de fruits.

Troisième bande :

Dans le premier médaillon de gauche, Psyché, vêtue d'une tunique et de draperies flottantes, paraît danser. Elle a des ailes de papillon. Elle est représentée de la même façon dans le troisième médaillon de la même bande. Les vêtements paraissent jaunes.

Même bande : cinquième médaillon de gauche à droite. Psyché dansant : elle est vêtue d'une tunique sombre et de draperies flottantes ; elle tient les bras élevés ; elle a des ailes de papillon.

Quatrième bande :

Dans le quatrième médaillon de gauche à droite, Psyché est figurée dansant, les bras étendus. La tunique et le péplos sont jaunes ; derrière elle flottent des draperies plus sombres.

Les autres personnages qui complétent la décoration sont en rapport direct avec ces Psychés. Ce sont des génies dansant et des figures de petites filles sans ailes, qui ressemblent à Psyché. Les génies sont ailés ; ils ont des attitudes variées : les uns jouent de la flûte, les autres dansent, d'autres tiennent des fruits et des fleurs. Ces génies des deux sexes dansant sont reproduits sur le compartiment symétrique, avec un sens analogue. Les intervalles des figures sont également remplis par des fleurs, des fruits, et des oiseaux de toute nature.

> Voir *Liber Pontificalis*, éd. Vignoli, § 23 (*vita sancti Sylvestri*).
> Ciampini. *De sacris ædificiis a Constantino Magno exstructis.*
> Voir le mémoire consacré à cette mosaïque par M. Eugène Müntz,
>   *Notes sur les mosaïques chrétiennes de l'Italie* (*Revue archéologique*),
>   1875.

ERRATA.

—

Page 290, ligne 15, *au lieu de :* Otto Jahn, *lisez :* Iahn.

Page 300, note (1), au lieu de : *papilionis*, lisez : *papilione*.

Page 313, ligne 1, *au lieu de :* noce, *lisez :* noces.

Page 318, ligne 33, *au lieu de :* pour lesquels, *lisez :* lesquelles.

Page 342, note 5, au lieu de : *Bullettino d*, lisez : *di*.

Page 374, n° 14, *au lieu de :* Wolf, *lisez :* Wolf.

Page 381, n° 33, ligne 10, au lieu de : *Wissenchaft*, lisez : *Wissenschaften*.

Page 381, n° 33, ligne 11, au lieu de : *De Psyche*, lisez : *Psyches*.

Page 385, n° 57, *au lieu de :* sur un gomme, *lisez :* sur une gemme.

Page 398, avant *Manche de cachet*, suppléez : N° 113 *bis*.

Page 398, au lieu de : *Lateran*, lisez : *Latran*.

TABLE DES MATIÈRES

TROISIÈME PARTIE.

www.ingramcontent.com/pod-product-compliance
Lightning Source LLC
Chambersburg PA
CBHW052358090426
42739CB00011B/2412